朝日新書
Asahi Shinsho 564

東京どこに住む？

住所格差と人生格差

速水健朗

朝日新聞出版

まえがき

「引っ越し」と「人口移動」からトレンドを探る

日本人は引っ越しが嫌いである。

人が一生の間で引っ越しをする回数のことを「生涯移動回数」と呼ぶ。

これは、簡単に算出することができない指標ではあるのだが、2003年に国立社会保障・人口問題研究所が出している「年齢区分別転居回数」などを根拠に、現代の日本人の平均生涯移動回数を予測してみると、4と5の間くらいということになる。

これは、先進国の移動事情に比べると、少ない数字だ。アメリカ人の生涯移動回数は、この4倍くらいの数字である。

日本人には、1カ所に根付いた生活を送る文化が染みついている。先祖信仰の風習、地域に根付いた鎮守の神さまのような宗教観が関係しているのか、稲作に慣れ親しんだ食糧生産の歴史が関係しているのか、はたまた住宅、持ち家へのこだわりが強いから（これはせいぜい戦後の傾向）なのかはわからない。

だが、これからの時代に、日本人は「引っ越し」を余儀なくされる。

人口減少でこれまでどおりの経済活動の規模が維持できなくなる時代、東京一極集中という名の人口移動が起きている。さらに、都市人口が増えるということは、人口流動が増えるため、日本人の平均生涯移動回数は確実に上がっていく。

さらに、人口減少が進むことによる不動産価格の変化がある。住宅需要はこれまでどおりには維持されなくなる。東京の都区部の中でも、すでに人口減少に突入している地域がある一方、都心3区は2030年までは人口増が続くと推定されている。こうした傾向から見ても、人口が減る地域の地価は下がり続けるし、都心の価格はしばらく上がり続ける。不動産価格が変動する時代に、人々の移動が起こるのは、必然である。

こうした環境の変化において自発的にそこから移動をするか、または定着を選ぶかで、人生は大きく変わってくる。経済学者のエンリコ・モレッティは、現代は「都市間格差」の時代へと変化しており、職業選び以上に、住む都市が人生の格差を生む時代であるということを指摘する。

現代においては、自分の置かれた状況を改善する手段として、住んでいる場所を変えることができるかどうかが問われていくのである。

移動は、その人が持つ能力が試される機会でもある。職業的能力、経済力、コミュニケーション力、テクノロジーへの適応力。これらが高い人であれば、どこに住もうが生きていけるだけではなく、より自分の生き方の好みに見合った場所を探し、楽しく生きられる場所を探して移動を続けていくことができる。いや、備わった能力の問題ではない。むしろ重要なのは、ここぞという時期を見極めて「えいやっ」と移動することのできる勘や行動センスかもしれない。

さて、本書のテーマは、個人的な行動としての「引っ越し」と、国全体で見たときの「人口移動」の中間にあるもの、すなわち統計データに表れてこないこの国の社会意識や人々のライフスタイルの変化といったものへアプローチし、分析することである。

普通、人は「今度、私、人口移動しようと思っているんだ」などという会話はしない。人がするのは極めて個人的な行為としての「引っ越し」である。だが本書が扱うのは、複数形の「引っ越し」である。人は、どういう理由で移住・転居を行うのか。それを俯瞰して見ていきたい。

筆者は、1年以上の期間をかけて、東京圏内における、引っ越しのさまざまな実例を取材し、なぜAという街からBという街に引っ越し、なぜBを選んだのか、その理由についてのヒアリングを続けてきた。一定数の人々の「引っ越し」を束ねてみて俯瞰して見る。それが本書が、まずとったアプローチである。ここからひもとくことができるのは、「都心回帰」「地方移住」「一極集中」「郊外化」「マイホーム願望」「沿線ステイタス」「タワーマンション」といった、「住む」にまつわる人々の現状の意識とその変化である。

一方で、住宅関連のジャーナリスト、都市計画系の専門家、街づくりの関係者、不動産関連のデベロッパーといった、都市や移住のエキスパートたちへの取材を行うことで、今どきの人々の「住みたい場所」を調査している。

さらには、最新の都市論と、人口移動やクラスター分析（街ごとの階層、人種、消費傾向などの項目による調査を行い、住んでいる地域と住民の結びつき、集積の度合いを示す統計を利用した分析の方法）の統計などをひもときながら、今起きている現象を数量データとしても検証していく。

「住めば都」の論理学

本書の試みは、単なる「どこに住むべきか」というガイド的なものというよりむしろ、人は何を指標として住む場所を決めているのかというその「考え方」に迫るものだ。

人は駅や仕事場からの距離、沿線や街自体のステイタス、ショッピングの利便性などといったさまざまな要素と金銭的な都合の間で折り合いを付けて住む場所を決める。そのチョイスには趣味・趣向といったものを超えた思想性、アイデンティティー、ライフスタイルなどのイデオロギーのようなものが表れるはずだ。

そんなことが、取材を始める前に思い描いていたことだった。その上で、人々が住みたいと思う場所、都市での望ましい生活の在り方が、かつてのそれとは少し変わりつつあるのではないかという仮説も、当然ながら思い描いていた。

だが、実際に取材を始めるとその当初の見立てどおりにことが進まないという事実に突き当たる。実際に話を聞くと、人はさほど明確な意思を持って、住む場所を選んでいるわけではないことに気づかされるのである。

曖昧なフィーリングで決めたという場合もあれば、エリアや沿線ではなく物件の善し悪しを重視したケースも多い。また、単純に行きつけのホットヨガ、通っているバレエ教室が近くにあるからその街に越してきたというケースもある。数の多さで言えば、学生時代にたまたま選んだというだけの場所にずっと住み続けているという例は意外と多い。

住む場所の選び方は、千差万別。また、そもそも、その人の「引っ越しの理由」の真相にたどり着けるかどうかにしても、それは定かではない。30分間にわたって住む場所の選択について話を聞いて、しばらくお酒でも飲みながらまったく関係ない仕事の愚痴などを話したあとに、「俺は、中央線ってどうも性に合わないんだ」なんていうことを言い出す場合がある。聞きたかった回答のヒントは、どうやらそこにありそうだが、ここまで時間をかけていたのでは、あまりにも効率が悪すぎる。取材として割に合ったものではない。しかも、住むところを決めた理由の答えで最も多いものは「よく覚えていない」である。

「住めば都」とはよく言ったもので、人は誰しも、どんな街だろうと、住んでみることで満足できるものというのは一面の真実だ。どの土地にも文化があり、それがその人の将来に思った以上の影響を及ぼす。どこに住んだかで芽ばえる哲学や思想がありながら、そこに個人の事情が加わり、さらにその時代がもたらす事情が加わる。取材、ヒアリングを続け、いろいろな人の個人的な事例を積み重ねていくと、「今どきの引っ越しの理由」という本書のテーマが見えてきた。

東京の新ルールとは

それとは別のアプローチ、つまり都市や住宅の専門家、不動産業者などに話を聞くことで「今どきの住みたい街」の傾向を知ることもできた。

東京の中にも都心と郊外があり、マンション価格の傾向だけを見ても、都心のマンションのニーズは高く価格は下がらない傾向が強いが、郊外は全般的に価格も下がっているという傾向にある。一方、不動産仲介業者によると、かつては駅近物件の目安は、駅から徒歩10分以内だったが、いまは5分以内になりつつあるのだという。

人は、かつてよりも、住む場所に対してユーティリティー（利便性）を重要視するようになっている。

ただし、コンビニに近いかどうかは、かつてほど便利さの指標にならなくなった。なぜなら、コンビニの数が飛躍的に増えたからである。

逆に減ったのがレンタルビデオ店だろう。いまどきは、レンタルＤＶＤは宅配や有料動画配信（サブスクリプション）のスタイルに移り変わり、住む場所とは無関係になりつつある。そもそものニーズが減ったかもしれない。

また最近では、人が住む街を選ぶ際には、コンビニやレンタルビデオの有無などよりも、スターバックスのような街の雰囲気を左右するチェーン店、また個性的でくつろげるカフェやワインバルがあるかどうかのほうを重視するという。これらは、ユーティリティー以上に、街の個性が重視されているということかもしれない。

住む場所に関する最大のルール変化は、人口集中の原理である。

「東京一極集中」が世間で注目を集めているが、詳しく見たときに現在起きている現象の何が特別なのか、重要なポイントについては、実はあまり語られていない。東京一極集中自体は、以前から傾向としては続いている現象である。それこそ、戦前であっても東京への一極集中は進んでいたのだ。

だが、現在の人口集中は、これまでのそれとは性質が違っている。かつての東京への人口流入は、東京の周辺部、つまり郊外への人口拡散を伴うものだった。だが現在の人口集中は、都心部の人口増、つまり最都心部への集中である。また、こうした都心部への人口集中の傾向は、世界的にも見られる傾向なのだ。

今起こっている東京への人口集中はどういったルールの変化、社会の変化がもたらすものなのか。人々の意識はそれとどう関わっているのか。世界のどのような動きとリンクしているのか。本書は、それらについて考察を行う。そして、人はなぜ「わざわざ」都市に住むのか。その最大のテーマにも迫ってみたい。

東京どこに住む？

住所格差と人生格差

目次

第2章　食と住が近接している

図版作成・二階堂ちはる

第1章　東京の住むところは西側郊外から中心部へ

東と西で分断されている東京の「住民意識」

東京は、西と東で分断されている。

東京の西側、ここでは主に新宿、渋谷から西の郊外に向かう鉄道沿線に住んでいる人たちのことだが、彼らは東京スカイツリーに興味を持っていない。

スカイツリーに登った経験どころか「テレビで見たけど、そういえばまだ実物を近くで見たことないな」という人たちのほうが多い。実際に見事にスカイツリーがどこにあるのかわかっていない人は、多い。西側住民に「押上」「業平橋」と説明しても、その地理すら頭に入っていないのだ。

ひどい意見を挙げるなら、「スカイツリーが見える場所って、むしろ地価が下がるって話を聞いた」という声も聞こえてきた。もちろん、そんなわけはない。墨田区は、スカイツリーの影響はともかくとして、住む場所として人気は高まっている。墨田区の人口増加率は、23区中第4位（平成27年1月現在の「東京都の人口（推計）」）である。

計画当初の評判の悪さはともかくとして、東京スカイツリーの完成時は大いに盛り上がった。だが、それもあくまで東京の一部の話でしかないのかもしれない。東京の東のほう、それも中心からはかなり外れている場所に建つ東京スカイツリーに何ら「自分の町のもの」というアイデンティティーを抱いていない人たちが大勢いる。それは仕方がないことだろう。逆に言えば、それだけ東京は広いということである。

かつて、東京タワーは東京の発展のシンボルとして機能したが、東京スカイツリーは、新しい東京の街のシンボルではなく、現在の東京の「住民意識」が東と西で分断しているということを象徴する塔になってしまっている。

「西高東低」で示される東京の住宅地人気

「西高東低」。東京の住む場所選びの際の基本的なルールとして、人気があるのは西側で、東側よりも家賃相場が高いというのが定説である。

東京の中心には皇居があり、丸の内や銀座や日比谷といった街も中心部に位置する。いわゆる都心部は人が住むための場所ではなく、主にはショッピングをする商業施設が集まる場所、また人々が働きに出るためのオフィス街が立ち並ぶ場所として考えられてきた。

その中央から東側には上野や浅草といった街があり、一方の西側には新宿や渋谷といった街がある。

住む場所として人気があるのは、新宿や渋谷を起点に郊外へ向かう鉄道の沿線である。主に東京の場合は、山手線の内側が都心、その外が郊外と考えると、「東京西側」の人気の街は、どれも郊外ということになる。東京は、戦前から戦後にかけて西側の郊外へと発展していった都市なのだ。

皇居の中心から5キロ圏内

便宜上、本書では東京の中心を地図上のど真ん中である皇居と定めておく。皇居から新宿駅は真西にほぼ5キロという距離である。世界的な大都市の標準としてニューヨークのマンハッタンやパリといった都市を見てみると、これらの街は、ほぼ中心から5キロが都市圏内となっており、その内側に住居や商業施設が集積している。

東京は、これらの都市に比べると、広く拡散した都市である。中心から5キロという郊外に新宿のようなビジネスや商業の集積地があり、さらにその外に住宅街が広がっているのだ。東京と同じように広い面積に都市が分散している大都市には、イギリスのロンドンなどがある。

5キロという距離は、都市の集積を考える上でも重要な目安であり、都市の集積に注目

皇居から5キロ圏内にある主な企業と大学

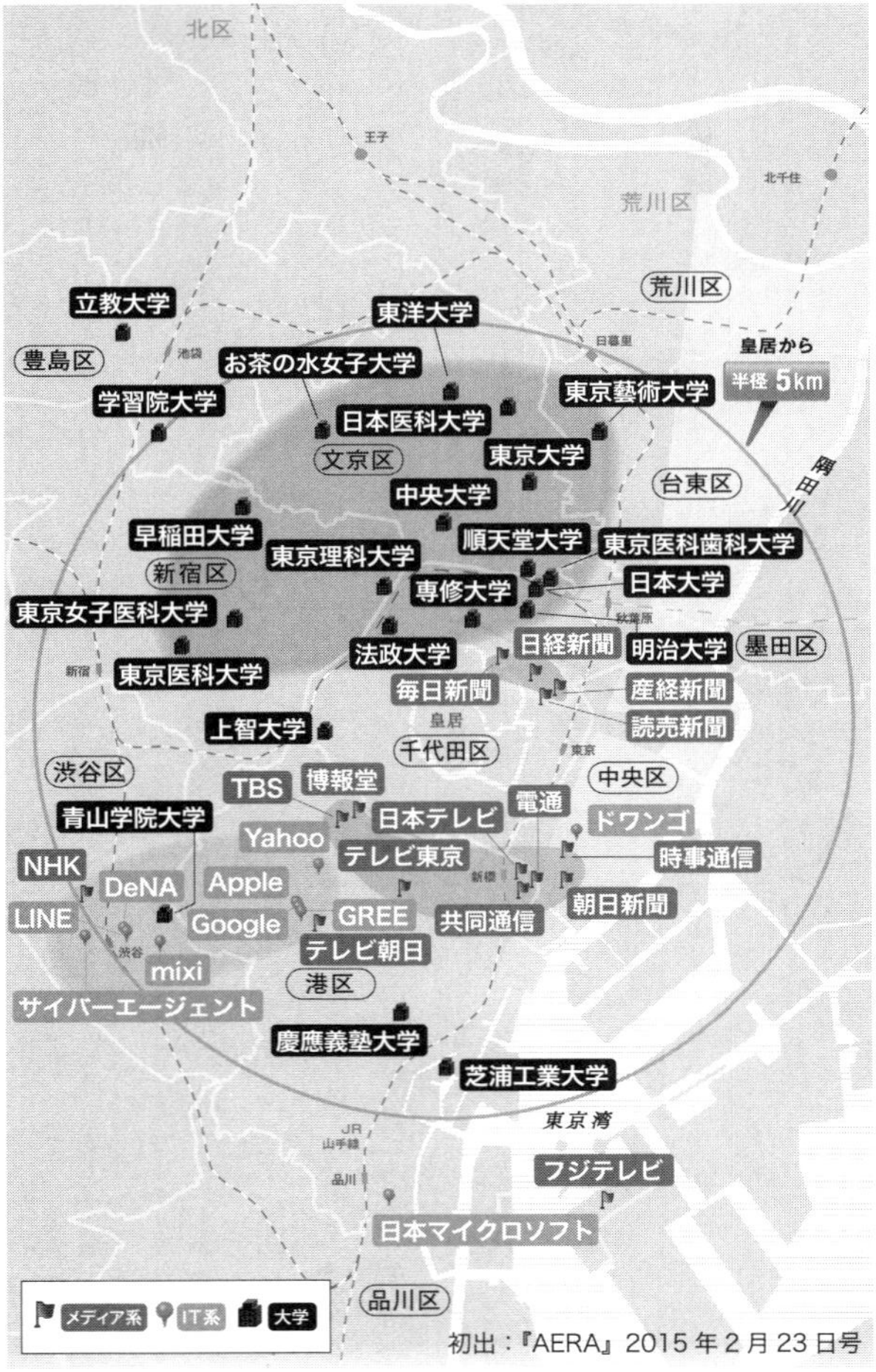

初出：『AERA』2015年2月23日号

する森ビルグループも、中心から5キロに都市の重要施設がいかに集中しているかを、重要な指標として考えている。本書においても、こだわっていく数字の1つとして5キロを掲げておく。

皇居を中心から5キロという距離でくることで、さまざまな実態が見えてくる。

皇居から半径5キロで区切った東京都は、渋谷や新宿がぎりぎり入るエリアであり、同じ副都心でも、池袋はやや外れている。湾岸部の勝どき、晴海は完全に圏内だが、豊洲やお台場になると、ギリギリかすめるといったくらいになる。東京の南部を見ると、新幹線が止まる品川は都心のイメージがあるが、少しだけ5キロ圏外。北部になると、文京区より北にある板橋区、北区は圏外。荒川区は区の一部、日暮里駅でちょうど5キロである。東京東側は、東京スカイツリーが建っている押上が、5キロに入るか入らないかのギリギリの線ということになる。

また、23区ごとの各種指標も比較してみよう。

23区の平均年収を取り上げて比較してみると、その上位5区のうち、目黒区をのぞく千代田区、港区、中央区、文京区は、どれもが5キロ圏内に位置していることに気づく。

また、人口の増減予測の区ごとの数字を見ても、２０３０年まで人口増加が見込まれる

皇居から５キロ圏内の区の各種指標

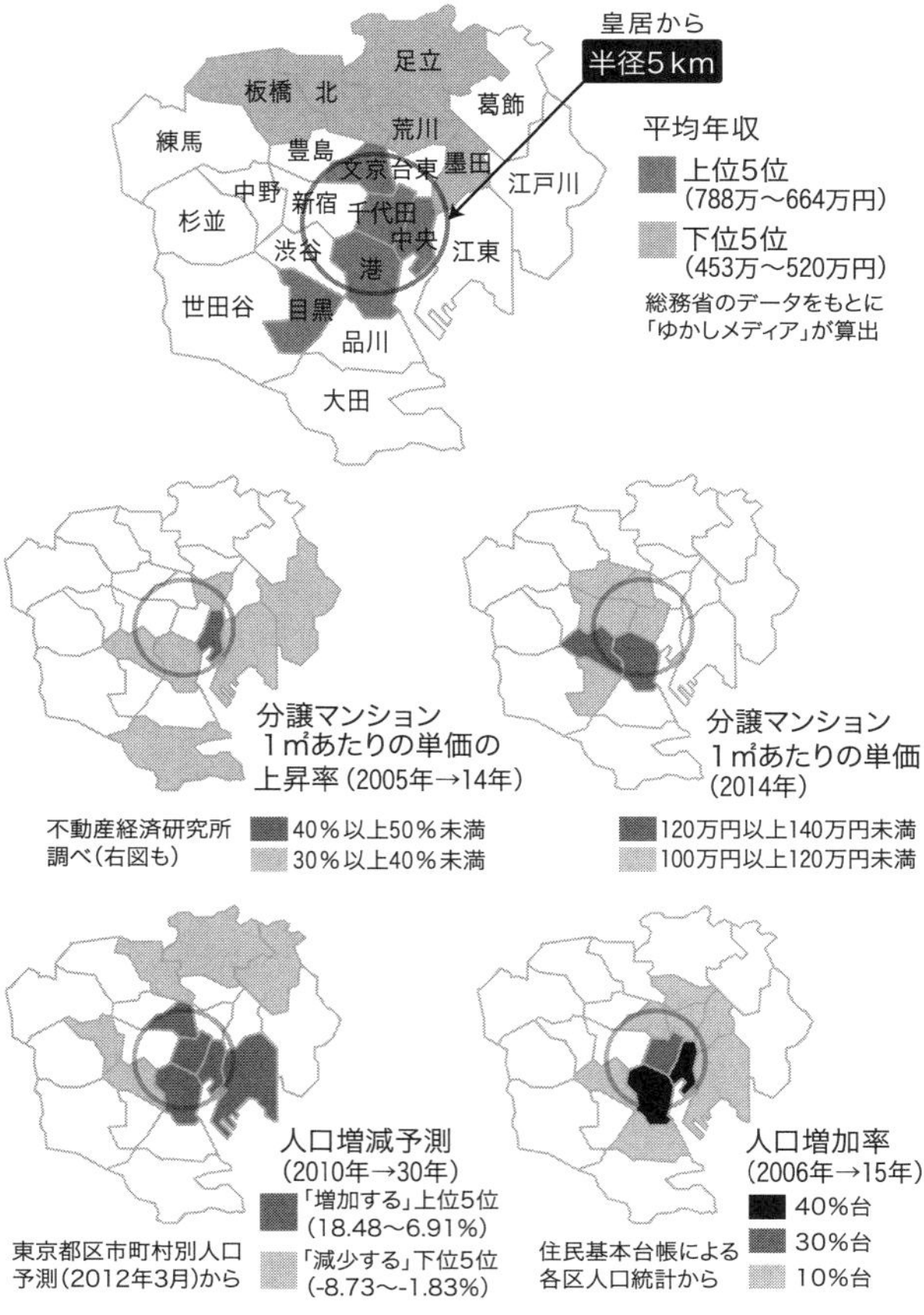

初出：『AERA』2015年2月23日号

地域のベスト5にランキングするのは、前述の5区の中から渋谷区を引いてかわりに江東区を加えたものという結果になる。「東京一極集中」とは言われているものの、外周に当たる板橋区、北区、足立区という区ともなれば、他の人口減少に脅かされている地方自治体とさほど変わらないということになるのだ。

東京を23区とそれ以外の「都下」に分けるという分別方法はあるが、東京はむしろ、中心にある5、6区と、それ以外で分けたほうがしっくりとくる。

住みたい街のある人気沿線

東京の西への広がりを代表する鉄道路線にJR中央線がある。中央線沿線の新宿以西には、都心に近い中野や高円寺といった若者の多いにぎやかな街があり、阿佐ヶ谷、荻窪、西荻窪といった住宅地がその外に広がる。中央線沿線の住みやすさ、人気の高さの最大の要因は、これらの駅の南北両側に、にぎやかな商店街が存在することである。また、長年にわたり、東京の「住みたい街」ランキングでトップを保持しており、繁華街と住宅街と豊かな自然がすべて備わった吉祥寺は、中央線の駅の横綱である。そして、さらにその先には、武蔵野という呼び方が似合い、学園都市でもある国分寺、立川といった郊外の住宅地がある。

さらに、東京の西側には、中央線とは別の軸として、東急や小田急、西武といった郊外に延びる私鉄があり、その沿線は中央線とはまた別のカルチャーを持っている。

東急や西武といった鉄道会社は、渋谷の街を「消費」のために特化した都市開発の担い手でもあった。東急であれば、東急百貨店、東急109、西武であれば西武百貨店、パルコといった商業施設をつくり、広告などの力も借り、街のブランドイメージのアップに努めてきたのだ。こうした文化としての貢献もあり、東京西側の私鉄の中でも東急東横線と東急田園都市線はステイタスが高い路線で、沿線の駅の人気も高い。東急沿線の駅で有名なのは、「代官山」「田園調布」「自由が丘」「三軒茶屋」「二子玉川」などである。これら沿線は地価も高く教育程度の高さが指摘されている。

ちなみに、リクルートのSUUMOによる「住みたい街ランキング」の2014年版では、住みたい沿線についてのアンケート調査を行っているが、1位はJR山手線、2位が東急東横線、3位がJR中央線という結果になっている。中央環状の山手線が1位になるのはともかくとして、ここでも東京の西側が優位であることが示されている。

「中央線がなんか苦手」という意識

東京西側住民の東側に対する住民意識を代表するものが「スカイツリーへの無関心」であるとするなら、東側住民の西側に対する代表的な意識とは、「なんか肌に合わない」かもしれない。もちろん、西側と言っても東急線沿線と中央線沿線、西武線沿線ではまったく印象が違っている。東急線を敷居が高いと思う人はいても、西武線にはそうした思いを抱く人はいないかもしれない。一方、「中央線がなんか苦手」という意見が、なぜか女性から多く上がってきた。

「飲食店が多いのはいいけど、夜遅くまで若者が居酒屋で飲んでいる印象」という答えが返ってきた。東京の他の地域に比べても、圧倒的に独身世帯が多いのが中央線沿線である。その駅の周辺には、遅くまでやっている飲食店がいくらでもある。本来であれば、遅くまでやっている店が多いというのは、住む場所としての魅力であるプラスのポイントであるはずだ。だが、女性にとっては、酔っ払いの多い町＝治安に不安がある町ということなのかもしれない。一方で、中央線の「ゆるさ」が苦手という声も聞こえてきた。これを主張する女性は、「働かなくても許される雰囲気が嫌い」という強い意見である。たしかに、

「40代の金髪ロッカー」などという存在は高円寺辺りでしか見ることがない。これは見方によっては、「異端者を排除しない雰囲気」「街の持つ多様性」ということになるのだが、一方で、これが「多様性」に見えない人たちがいるのだ。中央線沿線の街は、よそからは「排他性」があると感じてしまう独特なものでもある。

カフェがあって古本屋があって「文化的風土」を持った町が中央線沿線の杉並区の住民意識である。大正〜昭和期に流入した人たちの中に、当時の文化人・文士などが多く含まれており、「阿佐ヶ谷文士村」に代表される文化度の高いまちづくりに貢献したようだ。しかしながら、それがよそからは「自分たちの町だけが最高と思っている感じがする。悪く言えば選民意識ともいえるけど」といった評価になることもある。

確かに中央線在住者に話を聞いていると、皆一様に生活の満足度が高いことがわかる。具体的な理由としては「友だちが中央線沿いに多い」という声が聞こえてくる。地方出身者が、学生時代に中央線沿線のアパート暮らしを始め、そのまま大人になり、結婚し子どもが生まれても、そのまま中央線沿線に住みついてしまったというケースが、中央線沿線住民には多い。学生時代からの友人関係が、その後の人生が別々の道を辿ろうと、中央線という共通点で維持されていくのだ。

人間関係もすべてこの中央線の圏内ですんでしまう。出て行く必要がなければ、他の町の良さにも気づくことがない。これは、名付けてみるなら「中央線中華思想」である。これが、東京東側から見た「中央線はちょっと苦手」という意識の正体の一部なのではないだろうか。

なぜ郊外化は西へ向かったのか

冒頭から大げさに東京は分断されていると書いたが、実際に西と東で住民意識に違いが生じている。こうした住む場所の意識の違いを知るためには、「西高東低」の傾向が生まれた経緯を知る必要があるだろう。

東京が「西高東低」になった時期は、案外と古い。大正時代の前後に始まる住宅地の郊外化にそのきっかけがある。

1923年の関東大震災後で東京の東側は、壊滅的な状況となった。東京の住宅地が西に向かったのは、その復興以降のことである。

西に向かって郊外化した背景には、「地形や風土の違い」があるというのは、政治思想史の研究者で鉄道と都市に関する著書の多い原武史だ。

「東京の東部は西部よりも川や運河が多く、当初は水上交通が発展した」（『レッドアローとスターハウス　もうひとつの戦後思想史』）から「首都圏の鉄道は東京の東部よりも西部で発達した」というのが、郊外化が主に東京の西側に向かった理由である。そして、こうした郊外鉄道の発展とともに郊外に移住した人々は、「新中間階級」とも言うべき階層の人々でもあったという。

一方、東京の東側とは、城東地区と呼ばれる葛飾区、墨田区、江東区、江戸川区、台東区のことを指す。この東側の住民とはどういう人たちだったのかについては、社会学者の吉見俊哉が『都市のドラマトゥルギー』という本の中で分類している。

明治末期から大正にかけて、東京の東側の城東地区一帯に住んでいたのは、元々貧した地方から東京に仕事を求めて来た流入者たちである。彼らは、「日雇・土方から車夫・運送業」など多様な職種から構成された「都市下層民」とでも言うべき人々。当初は東京全域に点在していた彼らは、明治の中頃から「下谷・浅草区」に集まり、明治の後半から次第に「本所・深川区」といった地域に定着して「貧民窟」を形成した。

だが、そんな「貧民窟」の住人たちの生活は、大正時代に大きく変わる。第一次世界大戦を機に、日本は造船業などを中心とした産業の発展期を迎え、本所、深川周辺は町工場が建ち並ぶようなエリアに変化する。これまでは多種多様な雑業に就いていた「都市下層民」の多くは、工場労働者となって東京下町の産業化を下支えする存在になっていった。

こうした町工場の近くには、その労働者が住み、その町には商店街が発生した。これがいわゆる下町である。

西が「新中間階級」が住む郊外の住宅地、東が「労働者階級」が住む下町という大まかな社会階層の違いが、東京の「西高東低」の原点だったのだ。

郊外化とともに芽生えた中流志向

東京の最初の郊外化が、大正時代末から昭和にかけての時期だとすると、第二期の郊外化は、1960年代の高度経済成長期である。

寅さんシリーズでおなじみの山田洋次監督の作品に『下町の太陽』という映画がある。これは、墨田区の向島という下町が舞台である。現在で言えば、まさに東京スカイツリーが建っている周辺の場所なので、東京の東側。かつてのこの辺りは、小規模の町工場が建ち並んでいた典型的な下町だった。

映画は、煙突から煙を吐く下町の工場群の光景から始まる。建設中の橋桁は、まだ開通していない首都高速の建設現場だ。東京オリンピックを翌年に控え、東京のあちらこちらで大規模な工事が行われていた時期でもある。

ヒロインは、倍賞千恵子演じる町子。彼女が働くのは、化粧品メーカーの石鹸を作る部署である。

町子は、同じ工場で働く道男と銀座にデートで出かけた。その帰りに道男はこうつぶやく。「あー、団地に住みたいなぁ。郊外の団地に」。道男の夢は、都会に本社のある会社に勤めるサラリーマンになることである。

あるとき町子は、団地に越していった友だちを訪ねる。その友人は専業主婦で、サラリーマンである夫が仕事に出ている間は、一人で団地に取り残されていた。化粧品などもたくさん持っていて、暮らしぶりは裕福そうだが、彼女はちっとも楽しくなさそうなのだ。

そんなとき、町子は道男からプロポーズされる。道男は、ついに正社員としての登用が決まったのだ。彼との結婚は下町を抜け出し、郊外の団地に引っ越すことを意味する。しかし、町子はこのプロポーズを断ってしまう。町子は、郊外の静かな団地での生活よりも、ごみごみとはしていても知り合いや家族のいる下町での生活を気に入るようになっていた。

この映画で描かれているのは、ホワイトカラー対ブルーカラーの住む場所の対比である。

ホワイトカラーとは、郊外の団地から都心の会社に通う生活。一方、工場労働者たちは、工場の排気にまみれた町での職住近接の暮らしである。

当時の団地暮らし、つまり西の郊外への移住とは、中流階級への階級上昇を意味していた。大正時代に登場した「新中間階級」と同じように、戦後の高度成長期においては、ホワイトカラーのサラリーマンたちが西の郊外へと移住を行ったのだ。

現代の東京で「スカイツリーがどこにあるか知らない」「中央線がなんか感じ悪い」と言い合うのは、栃木県と茨城県のどちらが田舎かをいがみあうような、たわいもないものでしかないが、50年も前に遡れば、東京の東と西の住民意識は、階級の違いとして明確に存在していたのだ。

持ち家政策はいかに機能したか

東京の西に向かう郊外化は、住宅政策という行政の都合とも合致したものだった。

戦後には、日本の持ち家率が急上昇する。それは、高度経済成長期が始まり、日本が豊かになったということも関係しているが、同時に「持ち家」の取得は、経済発展、中流階層を増やす、郊外への都市の拡散といった当時の政策方針をふまえた政策でもあった。

戦前の1941年の大都市住宅調査によると当時の持ち家率は22パーセントに過ぎなかった。「戦前の都市部では住宅の大半は賃貸住宅」（平山洋介著『住宅政策のどこが問題か――〈持家社会〉の次を展望する』2009年）だったという。それが、戦後に急速に持ち家率は高まり、1958年には、その割合が最大値を示す71・2パーセントに跳ね上がる。

こうした持ち家率の上昇を現実化した「持ち家政策」とは具体的に何を指すのか。平山は、「住宅領域に対する政府の介入」のひとつとして、持ち家取得に対して長期の固定金利の住宅ローンを供給する住宅金融公庫の存在を規定する「住宅金融公庫法」（1950年）の施行であると指摘する。また、その目的は中間層への「公的援助」だったという。日本住宅公団も「賃貸住宅だけでなく、住宅宅地分譲の事業を進め、中間層の持家購入を促した」一方で、「低所得向けの住宅供給は残余的な施策とされた」のだ。

一方、当時の都市住民はどのようにこれを受け止めたのか。

1960年代には理想の結婚相手の条件として「家付きカー付き婆抜き」などということが言われていた。つまりは、一軒家に住み、クルマを所有し、夫婦と子どもだけの核家族。それが理想の結婚像になっていた。そのマイホームが建つ場所とは、現実には都心ではなく郊外だった。

マイホーム願望とワンセットの恋愛観

ちなみに、国土交通省の「建築着工統計調査報告」を見ると、戦後最大の着工戸数を記録したのは、1973年のことだ。新築住宅ラッシュのこの年に、それを象徴するヒット曲が生まれている。

もしも私が家を建てたなら 小さな家を建てたでしょう
大きな窓と小さなドアーと 部屋には古い暖炉があるのよ
作詞：小坂明子

これは、1973年に16歳でデビューしたシンガー・ソングライターである小坂明子の『あなた』。計200万枚の大ヒット曲である。

結局この歌は「私の横にはあなた♪」と結ばれる。つまり、恋愛への憧れを歌ったものだ。たわいのない少女の憧れの恋愛が一軒家への想いとワンセットになっているというのが興味深い。

当時のいわば国策とも言える「持ち家政策」と「中流へのあこがれ」が一体となった当時の人々の「マイホーム願望」が融合したかのような存在が、このヒット曲だったのだ。

ちなみに当時の「マイホーム願望」を統計データで確認すると、1955年の住宅事情調査では、住宅改善を希望する世帯のなかで、持ち家を志向する世帯の割合は、52パーセントだった。それが、1966年には74パーセントに、1969年には90パーセントに跳ね上がっていく（前掲平山2009）。まさに、持ち家政策と人々のマイホーム願望は、一致した動きを見せる。

郊外化はいうまでもなく都市の「拡散」だが、こうしてその内訳を見ると、誰もが損をしない構造になっているのが興味深い。当時の国民は、中流の暮らしを郊外の団地・マイホームに夢見ていた。政府は、中間層を拡大させ、「持ち家政策」を通して住宅の取得を勧めることで内需拡大、経済成長という目的を実現させていった。

東京「内」一極集中

日本人の総人口が1億人を超えたのは、1970年のこと。政策目標として中間層の拡大を画策してきた戦後日本が、「一億総中流」と呼ばれるような状態、つまり、国民の約

東京都 23 区人口増減率ランキング			
1	千代田区	5.1%	人口　53,428 人に対し 2,713 人増
2	中央区	3.9%	人口 139,533 人に対し 5,478 人増
3	港区	2.4%	人口 218,688 人に対し 5,248 人増
4	墨田区	1.5%	人口 255,904 人に対し 3,796 人増
5	文京区	1.5%	人口 215,872 人に対し 3,155 人増
6	江東区	1.4%	人口 483,372 人に対し 6,810 人増
7	豊島区	1.3%	人口 294,455 人に対し 3,864 人増
8	渋谷区	1.1%	人口 214,566 人に対し 2,343 人増
9	新宿区	1.1%	人口 334,528 人に対し 3,630 人増
10	台東区	1.1%	人口 184,941 人に対し 2,003 人増

出典：住建ハウジング（平成 27 年 1 月現在の「東京都の人口（推計）」、および、平成 26 年中の「人口の動き」をもとに、平成 26 年の各区の人口増減率を算出）

9割が自分のことを中流と考える状況を迎えたのだ。

高度経済成長期の産業発展の末に確立されたこの「総中流化」は、東京では東から西への住む場所の移動という形で培われた。

現代でもまだ「西高東低」という住む場所の価値観は根強く残っている。すでに郊外化は止まっているし、中流への階級上昇の時期はとうの昔に終わっているにもかかわらずである。

一方で、東京はいま西から東へとシフトしているという声も聞こえるようになっている。

だが、これも実際の状況を正確に掴んでおくべきだろう。正確には東京で人口が増えているのは、東京東側というよりも、正確には中心部及びそこに近い範囲の一部東側である。

東京の23区内だけで見た場合、人口増加率（平成27年1

月現在の「東京都の人口〈推計〉」）が高いのは、千代田区（5・1パーセント）、中央区（3・9パーセント）、港区（2・4パーセント）の3区である。これらの区の特徴は、増加しているだけではなく、転出率も高い（千代田区1位、港区4位、中央区7位。＊国勢調査2005－2010）。その上に、さらに人口増が起こっているのである。都心部は、人口の増減、つまり新陳代謝が活発なのだ。

そして、人口増加率の上位は、千代田区、中央区、港区に次いで、墨田区、文京区、江東区と中心から東側の区が続く。新宿から西の郊外へと中央線が通過する沿線である中野区は17位。杉並区は20位と振るわない。

4位の墨田区は、東京スカイツリーの建っている区である。これを見ると東側の発展は事実なのだろう。スカイツリーの誕生がそれに貢献しているかはわからない。それ以前に、東京メトロ半蔵門線が、水天宮からスカイツリーのある押上まで延伸（2003年）し、錦糸町などの墨田区の街から都心へ出るのが便利になったという理由のほうが大きいかもしれない。

同じ東京の東側の区でも江東区の人口増には偏りがある。湾岸部の人口増加率が33パーセント、内陸部は4パーセント。発展しているのは、豊洲など都心に近い湾岸部。江東区の発展は、中心部の発展に近い。

東京は、西側から中央にシフトしている。それに加え、中心部に近いやや東側、例えば中央区の日本橋の東側に広がる、日本橋人形町、東日本橋、日本橋浜町といった都心部に近い街の発展がめざましいことを考慮すると、東京の発展が西から東へとシフトしているといった場合のニュアンスは、むしろ中央及びそのちょっと東の発展というイメージが正しいのかもしれない。

ここ10年で起こった急激な変化

何を今さらと思う人もいるだろう。大都市部への人口集中は、高度経済成長の時代からずっと続いているじゃないかと。だが、それは間違いだ。東京の中心部への人口集中は、最近、たかだかここ10数年くらいの間に起こり始めたものに過ぎない。

もっとも都心である港区の統計データを見ると、高度経済成長期が終わるのとほぼ同時に、人口は減少段階に突入した。バブル経済の時代にも、都心に人口が増えていたと思いきや逆なのだ。地価は急上昇し、都心部のマンションなどの不動産は投機の対象となり、逆に言えば都心部の人口増にとってはマイナスの条件が重なり、高度経済成長期には最大

25万6000人に及んだ港区の人口は、バブル経済の最中に19万人を割る結果となった。

その後も人口減少は歯止めが利かず、1996年に底となる15万人割れを経験した港区だが、その後、微増の段階に入り、2006年から2016年までの10年間では、38パーセントも人口が増加している。

1970~90年代半ばまでの東京の中心部は、いわゆるドーナツ化現象で人口減少に陥っていた。それが、一転して都心部に人が増え始めたのはなぜか。しかも、2000年代以降の港区は、急速に住民の所得水準が高くなっていくという変化を見せてもいる。

一般社団法人東京23区研究所所長の池田利道は、話題となった『23区格差』の中で、この理由について書いている。港区の所得水準の上昇は、外から流入してきた人々によってもたらされたもの、つまり、港区の住民の所得が上がったのではなく、高額所得者が港区に住み始めたのだ。さらに池田は「都心に暮らすという生活価値の再発見」という分析を行っている。空洞化が進んでいた港区に、都心生活を見直す人々が集まってきたのだ。

住みたい街に「麻布十番」がランク入り

例えば、かつて六本木という街には、とても人が住む場所というイメージはなかった。

2003年に六本木ヒルズができたあたりから、ようやく富裕層が住む場所という認識が生まれたに過ぎない。英語圏向きの東京のガイドブックの『ROPPONGI』のページに、「外国人が多くて危険な街だから観光客は近寄らないのが賢明」と書かれていたのが、かつての六本木である。それが、近年は六本木近辺の公立小学校でも生徒数が増加中なのだ。

住みたい街としての人気が急上昇している麻布十番も、六本木ヒルズからほど近い場所にある。元々の麻布十番は、古くから商店街のある下町的な印象の強い街である。その街に都営大江戸線、東京メトロ南北線の2つの地下鉄の駅ができるのは、2000年のこと。ヒルズの完成は、その3年後である。レジデンス棟を持つ六本木ヒルズができたから街が住宅地に変わったというのは言い過ぎだが、かつては住宅地のイメージはさほどなかった麻布十番は、いまや、住みたい街ランキングの上位に入る街に変わった。

「マンション購入意向者に聞く、住んでみたい街アンケート（首都圏／関西圏）2015年度」版（住友不動産・大京・東急不動産・東京建物・野村不動産・三井不動産レジデンシャル・三菱地所レジデンスの7社による）によると、麻布十番は、1位「恵比寿」2位「吉祥寺」に次ぐ3位にランキングしている。こうしたランキングで、麻布十番のような都心の

2015年（回答5,219人）

住んでみたい街（首都圏）獲得ポイント				
順位	駅名	獲得ポイント	1位選択数（人）	1位選択率（%）
1	恵比寿	1,053	235	4.5
2	吉祥寺	867	203	3.9
3	麻布十番	864	182	3.5
4	表参道	700	148	2.8
5	自由が丘	648	123	2.4
6	鎌倉	589	96	1.8
7	二子玉川	576	108	2.1
8	青山一丁目	561	117	2.2
9	みなとみらい	551	95	1.8
10	横浜	469	75	1.4
11	広尾	468	96	1.8
12	目黒	451	82	1.6
13	武蔵小杉	416	65	1.2
14	品川	406	82	1.6
15	中目黒	395	71	1.4
16	代官山	356	57	1.1
17	赤坂	328	61	1.2
17	白金台	328	61	1.2
19	代々木上原	327	62	1.2
20	神楽坂	323	64	1.2

注：昨年までは、自由回答形式にて住んでみたい街上位3位を記入する方式だったが、今年から調査結果の精度向上などを目的として、197個の選択肢から上位3位を選ぶ方式に変更した。個々の回答について、第1位=3ポイント・第2位=2ポイント・第3位=1ポイントとして集計し、合計点に基づき総合ランキングを算出した。

大手デベロッパー7社の新築物件情報サイトMAJOR7（メジャーセブン）調べ

街が選ばれることはかつてない出来事だ。

「吉祥寺」は、新宿から中央線で20分の郊外である、常にこの手の「住みたい場所ランキング」で上位を独占してきた安定して人気のある住みたい街の代表。都心から適度に離れた郊外で、井の頭公園という自然にも恵まれた住宅地で、駅前もかなり発展しており、ショッピングにも飲食にもこと欠かない街である。

「恵比寿」は、山手線の駅

で隣に位置する渋谷より高級な「大人のための飲食店」が並ぶような憧れの街である。都心と思われるかもしれないが、新宿、渋谷が中心から5キロの郊外につくられた副都心であるとのことから、渋谷の隣にある恵比寿も、本書の東京観に従えばやはり郊外である。

それが「麻布十番」になると、約2キロの明白な都心となる。都心回帰、東京内一極集中という統計データ上の現象は、これから少しずつ「住みたい街」のランキングにも影響を与えていくだろう。「麻布十番」の上位ランキング入りは、こうした東京の「西高東低」という昔ながらの人気の街の在り方が変わりつつあることを示唆したものと言えそうだ。

住む場所におけるトレードオフ

西側の郊外へと向かった東京の人口移動は、現在では都心への移住傾向を見せつつある。「西高東低」から「都心回帰」に住む場所の傾向が変わったのだ。

人が移住するのには動機がある。人が郊外ではなく都心に住む動機とはどういうものになるのだろうか。

通常人は引っ越し先を考える際に、「駅から家までの距離」「ターミナルから最寄り駅までの駅数」「部屋の広さ」といった要素と「家賃」を天秤にかけて、納得できる条件を見出していく。つまり、家賃が安くても広いところに住みたければ、選択する駅の条件を郊外に数駅ずらしたり、駅から遠い物件に譲歩したりする。逆に、タクシー帰宅が多いという人であれば、多少高くなっても仕事場からは近くの駅に住むほうが安上がりという考えをすることもある。家賃と条件のトレードオフ、つまり一方を追求すれば他方を犠牲にせざるを得ないというルールが、引っ越しの基本公式である。

家賃が高く、誰もが住めるわけではない港区に住む人たちは、お金が有り余っているから、または単にみえっぱりだからそこに住んでいるわけではない。家賃と釣り合うだけの条件を都心に見出し、享受しているからそこに住んでいるのだ。『住んで得する街ランキング首都圏版』（椎出版社）を参考に1LDKの家賃相場の比較を行ってみると、港区は20・5万円で最高値。足立区、葛飾区が23区最安値で7・8万円と大きな差が付いている。足立区に住む場合に比べて、2・6倍も高い家賃を払うことのメリットとは何だろう。

もちろん、港区の住民の方がお金を稼いでいるのは確かだ。大都市部の平均所得が、他地域よりも高いのは世界的な常識である。しかし、家賃や物価を考慮すると、生活コストはそれ以上に高くつく。「都市の規模が二倍になるごとに給与は一〇パーセント増えるが、物価は一六パーセント高くなる」（ティム・ハーフォード著『人は意外に合理的』）。これが大ざっぱな都市の生活コストの定理である。

考え方としては、ビジネス街やいいレストラン、美術館や劇場、そういった都心の施設へのアクセスのよさが都心暮らしのメリットなのだと言うこともできるが、それを「合理的」に選ぶ人たちなどいない。コストに見合うメリットではない。では何が都心暮らしの最大のメリットなのだろうか。

ここが本書を通じたもっとも重要なテーマである。人は、一見合理的な判断とは思えない、割に合わないくらいに高コストにもかかわらず都心に住み始めている。現実として進行している日本における大都市部への人口の一極集中は、政策変更でなんら変化するものではない。なぜなら世界中で同時に進行している事態だからである。

なぜ世界的に大都市に人口が集中しているのか。経済学者のティム・ハーフォードは、世界一高い家賃を払っているマンハッタンの住民を「他人の近くにいること」に対して金を払っている人たちと指摘する。

都市とはつまり、「他人の近く」に住む人たちが増えるから形成される人口集積の単位である。なぜ人は対価を払ってまで「他人の近くにいること」を選択するのか。それは、この章以降で触れていくことにしたい。

第2章　食と住が近接している

「閑静な住宅街」というマジックワード

「閑静な住宅街」。不動産広告の広告ちらしなどでおなじみの言い回しである。

何の変哲もない言葉だが、よくよく考えてみると、実に優秀な広告コピーでもあることに気づかされる。裏を返せば世の中の住宅街には「閑静」な住宅街と「騒々しい」住宅街との二つの種類があって、あなたのお好みは「閑静」なほうですよね？　という問いかけでもあるのだ。これは、いわゆる価値提案型の広告としての機能をもった言葉なのだ。

中国には「住まい」についてのこんな考え方がある。

すべてのものごとを陰と陽、つまりは月の属性か太陽の属性に分類して考えるという中国の思想は、「住む場所」についてもあてはめて考えることができる。

人通りの多い大通りに面した場所に家を構えて暮らす。それが「陽」の暮らしである。反対に、1本裏の路地の物静かな場所に家を建てて暮らすのが「陰」の暮らしだ。もし、ひっそりとした暮らしが性に合っている「陰」の属性の人間が、にぎやかな大通り沿いの家に住んでしまうとどうなるだろう。日々の生活において少しずつストレスが生まれ、仕事や人間関係において齟齬を来すようになるかもしれない。またはにぎやかな場所での生活が合う「陽」の人が、ひっそりした暮らしをしていた場合も、本来の自分が出ないまま埋もれてしまうかもしれない。それが住む場所における陰陽の考え方である。これは蛇足だが、現に筆者も、車の通行量の多い大通り沿いに引っ越してきてから、人生が好転した。

「閑静な住宅街」は、街の喧騒から外れた場所、つまり「郊外」の分譲地を売り出す際に使われる広告的文句である。人は「閑静な住宅街」に住むべしというかつての郊外化時代、総中流化という政策にひもづけて、価値観を誘導するかのようなプロパガンダのような性質のキャッチフレーズだったようにも思えてくる。

バルブームと都市

だが「閑静な住宅街」が住む場所の価値として大きな影響力を持った時代は、すでに終わりつつあるのかもしれない。郊外のニュータウン団地は、すでに活力を失い、人口移動のベクトルは都心回帰に振れている。

バブル後の時代に刊行され、ベストセラーとなったホイチョイ・プロダクションズの『東京いい店やれる店』（1994年）という本がある。女性とのデートを前提とした、さらにはその先にベッドへと誘うという下心のある男性のためのレストランガイドである。

その2012年版である『新東京いい店やれる店』にある重要な指摘がある。

同書によると、震災後の東京で起きた飲食店の変化の1つは「都心に勤める会社員が、災害時の帰宅の困難さを知ってしまったため、仕事帰りに外食する際、都心からいち早く離れ、自宅に近い店を利用するようになった」という。そしてもう1つ、「ひとり暮らしの勤め人が、たび重なる震災や原発の報道に不安をかき立てられて、ひとりで食事をするのが怖くなり、できるだけ狭くて混んでいる賑やかな店に行くようになった」のだという。

震災後に会社帰りに新橋や銀座、新宿といった繁華街で飲むのではなく、自宅の近くで飲むようなライフスタイルに切り替わった。この裏付けをとるのは難しい。また、安易に震災と結びつけていいのかもわからない。だが、実感としては理解できる。

「最近、恵比寿行かない」。これは、よく30、40代の女性から聞く言葉である。さらには、「最近、恵比寿行かない」っていう女性が増えているんだけど、という話をすると「そういえば私もそう」という答えが返ってくる率も高い。

恵比寿は、1990年代の東京の夜の遊び場を象徴する街である。「恵比寿」は、山手線の駅で隣に位置する渋谷よりレベルが上の大人向けの街だ。渋谷や新宿に遊びに行くのであれば、普通の格好でも構わないのだが、恵比寿に遊びに行く場合は、ちょっといい洋服を着て出かけるようなイメージである。その恵比寿に行くというのは、いわゆるハレの繁華街。一方、いまどきはその逆である「ケ」の飲食街もにぎわうようになっている。「最近、恵比寿行かない」と言っている女性たちは、家から離れたおしゃれな場所よりも、家の近くで楽しめる場所に注目するようになったという。

『新東京いい店やれる店』でも紹介されているのは、昨今のバルブームである。２０１１年以降のバルブームは、「自宅に近い店」「狭くて混んでいる賑やかな店」というトレンドを体現する新しい都市型ライフスタイルを生み出しているという。

ワインバルは、スペインでは「バル」、イタリアでは「バール」と呼ばれる小規模の家庭的な居酒屋のことだ。フードメニューは、小皿料理＝タパスが中心である。

バルは、繁華街にもあるが住宅街に紛れてあることが多い。街バルなどという言い方もある。本書によると、「わざわざ遠くの店まで出かけて行くなんて野暮の極み」であり、「地元の店にブラッと寄る」ものなのだという。つまり、会社の延長で飲みに行くのが従来の繁華街の居酒屋だとすると、「生活圏」の中で楽しむのがバルなのだ。本書では、バルブームの先駆けとなった渋谷の「アヒルストア」が取り上げられているが、これがあるのは、渋谷の外れ、最近は奥渋谷などとも言われる辺りだが、ここは富ヶ谷や代々木八幡といった住宅街である。8席のカウンター席とスタンディングスペースのみの店だが、常に早い時間から満員でにぎわっている。

バルブームと個人飲食店の台頭

バルはアメリカでも増えている。経済学者でブロガーとして知られるタイラー・コーエンは、アメリカでも「居心地がよく、人と交流するのにもうってつけ」であるワインバーが増えつつあると指摘している。バルは、従来の飲食店に比べて「交流」に向いた場所であることは確かだ。バルの特徴は、人気店ほど店舗面積が小さいこと。狭いバルになると3坪程度である。

さらに、バルは繁華街だけではなく、住宅街に店を構えることが多い。都心の商業地域よりも賃料が安く、かつ小規模で始められるので、初期投資の費用も他の飲食店よりは抑えられる。かつては、最小限の初期投資費用で始められる飲食店の代表はラーメン店だったが、いまはむしろバルだろう。チェーンのバルも増えているが、個人で始めて、店主のこだわりが反映されるような店が人気になることが多い。

長らく、飲食店はチェーン店系に陵駕される時代が続いてきたが、ここにきて個人の店舗が太刀打ちできる時代が訪れつつある。

１９９０年代末から２０００年代のデフレ不況期は、低価格の居酒屋産業やファストフード産業が急成長した時代でもある。これらデフレ時代に成長した飲食業は、安い賃金を前提として低価格を売りにしていた。飲食はブラックバイトという悪い印象も社会に根付いてしまった。こうしたデフレ型外食産業は、アベノミクス以降の景気回復に伴って生まれた人手不足によって大打撃を受けている。安いアルバイトは見つからなくなり、人件費を引き上げると、これまでの価格設定では利益が上がらなくなってきたのだ。安い価格頼みでサービスや味で勝負をしてこなかったツケをここにきて払っているのである。

こうしたチェーン型飲食産業の状況変化によって、個人店舗が参入する余地が生まれてきている。同時に、人々は、繁華街のサービスが悪くて美味しくもない飲食店を避け、その周辺にある個性的な個人経営の店舗を選ぶようになっている。それが、「恵比寿行かなくなった」の正体ではないか。

「閑静な住宅街」は、近くに飲食店もなければ、にぎやかな商店街もない生活である。つまり、住む場所の思想としては「陰」の場所である。それが、いまは「陽」の場所、つまりにぎやかな街に住むという流れが生まれている。郊外化から都心回帰へというモードチ

2020年人口減少数ランキング					
	駅名	人口総数 2010	推計人口 2020	人口増減数 2020	人口増減率 2020
200	阿佐ヶ谷	63,749	53,935	-9,814	-15.39%
199	高円寺	67,635	58,060	-9,575	-14.16%
198	荻窪	56,885	48,769	-8,116	-14.27%
197	西荻窪	51,060	45,576	-5,484	-10.74%
196	中野	66,870	62,568	-4,302	-6.43%
200駅平均		38,304	38,575	271	0.71%

エンジは、住み方の思想にも影響を与えているのかもしれない。

人口増とバルの店舗増に牽引された八丁堀の発展

街が飲食で変わる。その中でも、バルで変わった街として挙げられる街に八丁堀がある。

株式会社ワンズが発表した「首都圏乗降客数上位200駅／『2020年人口成長駅商圏ランキング』トップ5」（2013年）によると、「2020年に成長性が高いと推計される駅商圏」で、1位の月島、2位の人形町に次いで、3位にランキングされているのが八丁堀である。これは、「2020年の推計人口という将来の人口データを基準として、現在の人口からの増減数データに着目し、駅商圏の将来性を分析」したものである。

八丁堀は、東京駅からほど近い都心の中の都心である。銀座も有楽町も完全に徒歩圏内だ。ただし、この辺りは住宅地とし

2020年人口増加数ランキング					
	駅名	人口総数 2010	推計人口 2020	人口増減数 2020	人口増減率 2020
1	月島	54,605	58,732	4,127	7.56%
2	人形町	41,595	45,591	3,996	9.61%
3	八丁堀	37,338	41,297	3,959	10.60%
4	葛西	66,328	70,269	3,941	5.94%
5	茅場町	35,352	39,222	3,870	10.95%
200駅平均		38,304	38,575	271	0.71%

出典：ワンズ（GIS〈地図情報システム〉を使い、国の基本的な統計データを集計し作成。
2010年国勢調査、推計人口500mメッシュデータから集計。乗降客数ランキング、「駅別乗降客数総覧2012」エンタテインメントビジネス総合研究所を参考にした）

将来人口変化駅商圏トップ3マップ

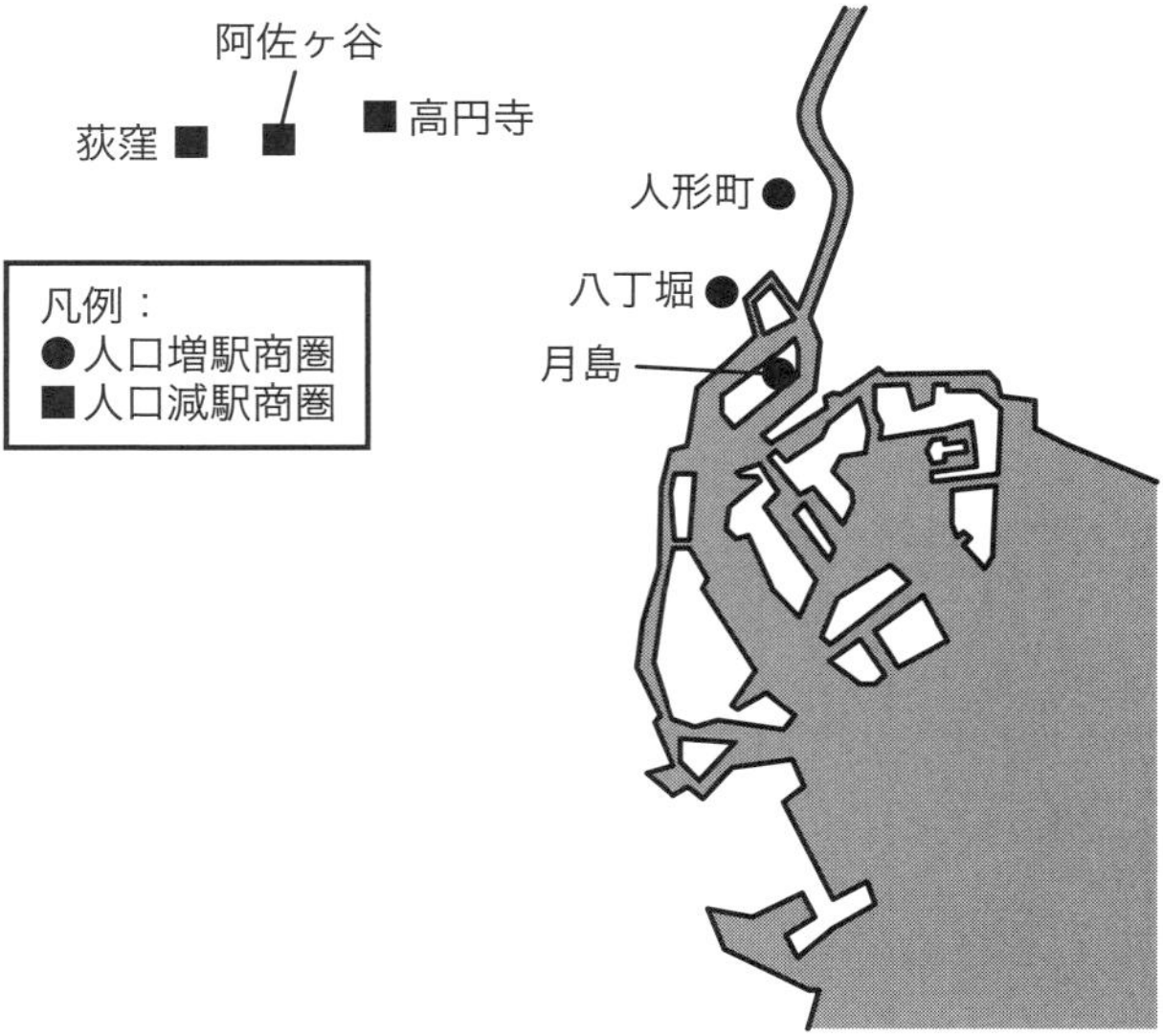

てのイメージは薄く、むしろ京橋地区というオフィス街に属するエリアである。だがこの八丁堀は、都心回帰という流れの中で、顕著に人口が増えているエリアの代表であり、住むための場所と働く場所のハイブリッドの街へと変わりつつある。

この街は、住む場所として以上に、飲食店の多い街にも変わりつつある。この街にあるワインバルのレトノがオープンしたのは、２０１０年。１９２３年創業の「入船屋酒店」が２０１０年4月22日に「レトノ」として生まれ変わった。創業時から働くスタッフに聞くと、当時の八丁堀は、いまとはまったく違い、人通りもさほど多くなかったという。たかだか6年前までは、従来の八丁堀のオフィス街というイメージが強い夜は静かな場所でしかなかった。しかし、そこに、多くのワインバルが進出し、いつのまにか八丁堀は、夜のほうがにぎやかな街になった。レトノも週末は予約なしでは入れない、押しも押されもしない人気店だが、このようなにぎやかな街になったのは、たかだかこの2、3年のことなのだ。

この街にワインバルが増えたきっかけは、おそらくは２００４年に開業したワインバルの有名店maruの影響なのだろう。１階がワイン輸入の店であり、そのワイン店が経営するスタンドバーとして始まったこの店は、口コミで話題を呼び、次第に人を集めるようになった。1軒のワインバルの人気を契機に、街に客が集まるようになり、そこのポテンシャルを知ったワインバルを始めとする飲食店が集まり始めた。そして、八丁堀は飲食の街としてじわじわと発展し、ここ数年で爆発したのだ。

スカイツリーが見える隅田川沿いのカフェ

住宅街と飲食の場が接近して街自身が発展している事例として、東京の東側にある蔵前の街のケースを取り上げたい。

「関西からこっちへ来て、まず東京の人の生活、通勤1時間みたいなライフスタイルの意味が最初はわからなかったんです。大阪では、人が住む場所がもっと都心に近い。遅くまで飲んでいても、すぐに帰ることができてしまいますからね」

そう話すのは、飲食店運営のバルニバービグループの社長である佐藤裕久である。バルニバービは、関西発のカフェ・レストランを運営する会社で、東京に進出して以降、独自の戦略でカフェやレストランを成功させ、急速に店舗数を増やしている。

東京スカイツリー開業の前年の2011年4月、蔵前の厩《うまや》橋の袂にバルニバービが運営するレストラン&カフェCielo y Rioがオープンする。このカフェが入っている複合商業施設「ＭＩＲＲＯＲ」（ミラー）は隅田川の河畔にあり、川の向こうにはスカイツリーが見える。ここは土日に限らず、平日のランチタイムでも、子どもを連れたママ友同士でにぎわっている。スカイツリーが見えるという要素よりも川沿いの気持ちのいい場所に立っているカフェという印象が強い。

蔵前は、浅草にほど近い東京の東側に位置する街。新宿や渋谷といった繁華街からみると随分と遠くに思えるが、東京駅、皇居といった東京の中心からは、約4キロの距離であり、5キロを基準とした本書における都心の定義には十分マッチしている。蔵前は、かつて両国に移る前の国技館があった場所だが、主に古くから続くオモチャなどの問屋街である。そのため、大きな倉庫を備えた古いビルが建ち並ぶ街だった。

佐藤がこの蔵前へのカフェの出店を考えたのは、まだ東京スカイツリーが634メートルの半分くらいの高さでしかなかったころだった。もともと東京タワーの前のロケーションで営んでいたレストランが定期借家権の関係で閉店を余儀なくされ、東京の「東」側に移転先を探していた。関西出身の佐藤自身、東京＝青山、新宿、恵比寿……など西側のイメージを持っていたが、いざ訪れてみた東エリアは、佐藤にとって、街としてまだまだ面白い要素があふれる絶好のエリアだった。

元々蔵前のミラー周辺には、郵便局や浄水場、幼稚園などが並び、決して飲食店を仕掛けて成功するような環境ではなかった。それでも佐藤がそこでカフェをやろうと決めたのは、リバーサイドで眺めもよく、「ここにカフェがあったら人は来るだろうな」という確信があったからだという。

東京イースト、蔵前の発展

佐藤のやり方は、東京のデベロッパー出店の手法とはまったく違う。まず頭に浮かぶのは、そこで暮らす人々の「ライフスタイル」だという。

「生活と密着するかどうかしか考えていない。実際、僕は街を歩いたり走ったりして、いい場所を探しているんです」

雰囲気のいい町をみつけると、わざわざそこに出かけてジョギングをしてみる。また、いい場所を見つけるためには、自転車であちこち出かけてみる。そうやって、その町にふさわしいカフェの在り方を想像するのだ。

このやり方は、通常の飲食の出店計画の手法とはかけ離れている。飲食の出店を考える上で一番重要なのは、そのエリアの飲食の需要の有無である。人がたくさん来る場所、通りがかる場所である必要がある。最寄りの駅の規模、乗降客数、商業施設であれば、その出店場所の人の流れが出店の判断の基準となるのが普通である。

だが、佐藤が重視するのは、周囲の風景や雰囲気といった要素である。他のチェーンが気にする、周辺店舗の実績なども重視しないという。あくまで、「カフェのあるライフスタイル」に見合っているかどうかが判断の材料なのだ。

このCielo y Rioができて、蔵前の町、中でも厩橋の袂の辺りは急速な変化を遂げていく。バルニバービは、カフェをオープンした後、街の変化に合わせて、同じミラーの建物の中にRIBAYON、Privadoという二軒のバーを開業させた。

前者は、靴を脱いで入るくつろげるバー。卓球台が置かれており、店内は相当に広く、大人数でも対応可能だが、土曜日はテーブル席はほとんど埋まる。後者は、プライベートなバーを売りにした、カップル向けのテラス席などが用意され、金曜の夜などにはジャズの生演奏などが行われている。

こうしたカフェ、バーが話題になると、周囲にも店ができはじめる。Cielo y Rioの向かいには、バックパッカー向けホテルとその1階にはラウンジカフェが併設するNui.がオープンした。羽田、成田に直結する都営浅草線が通る蔵前は、実は観光客にとっても交通の便のいい場所である。Nui.に泊まるのは、主に外国人の若いバックパッカーたち。ラウンジカフェは、夜はスタンディングのバータイムとなって、近所の利用者、旅行客が入り交じり、深夜24時まで驚くほどにぎわっている。

また、有機野菜などの食材などを使った食堂「結わえる」も近くに移転してきた。バルニバービの出店を機に、蔵前は夜に遊びに行く街として急速に発展したのだ。

住宅街を狙うバルニバービの出店戦略

カフェCielo y Rioの成功にはいくつかのポイントがある。

1つ目には、地価が高騰していた東京スカイツリーの近くではなく、それを眺めることができる周辺の地価の安い場所に出店できたこと。周囲に飲食店の少ない場所だったから競合もなく、地価が安かったと見ることもできるだろう。だが、周辺住民に飲食の潜在的な需要があったから成功した。

2つ目には、隅田川の川沿いというシチュエーションを活用したこと。Cielo y Rioの成功により、バルニバービは、川沿いという立地をうまく活用した新しい事例の発掘者として注目を浴びる。佐藤によれば、関西では当たり前ということになるが、「リバーサイド」という環境を活かしたカフェは、東京ではほぼこれまで注目されてこなかったのだ。

バルニバービは、ライバルの多い商業エリアではなく、競合店の少ない住宅地を狙って飲食店を出店してきている。これまで成功の事例を見ても、都心で近くに東京体育館があり、緑の多い渋谷区千駄ヶ谷の「グッドモーニングカフェ」がある。また古くからの住宅街である文京区小石川の「青いナポリ」、北千住のにぎわいから徒歩15分程度離れた場所ながらも、家族連れで人があふれる足立区千住の「スロージェットコーヒー」、どちらも、まさに住宅街の真ん中にある店舗で、周囲に飲食店が少ない場所だ。前例主義、既存店の実績を重視する従来の飲食業者であれば、まず出店しない立地である。

このパートの冒頭で「東京の人の生活、通勤1時間みたいなライフスタイルの意味がわからなかった」という佐藤の言葉を取り上げたが、長時間通勤が当たり前ではない地方都市では、「食」と「住」が近いというのは、珍しいことではないのだ。京都出身、関西で飲食業を立ち上げた佐藤にしてみれば、なぜ東京ではそれが当たり前ではないのだろうくらいの純粋な感覚だったのかもしれない。

商店街と近接した住宅街の魅力

「住むのにいい街の条件は、まず活気のある商店街が近くにあること」と、今どきの住みたい場所の傾向について話すのは、HOME'S（ホームズ）総研所長である島原万丈である。島原は、住む場所の善し悪しを測る新しい指標の必要性に気がつき、自らそれを開発した。その島原とHOME'S総研が提唱しているのが「センシュアス度」という指標である。

「交通混雑率、耐震化率、商業床面積、公園面積、不動産価値、税収といった数値で示されるような従来の〝住みやすい街〟を評価する指標もあるんですけど、この上位の街が本当に住みたい街かというと必ずしもそうではないですよね。何がいい街かというと、例えば〝ただいま〟と言って帰ることができる行きつけの飲み屋さんがあるとか、そういうことなんですけど、それはとても指標化しにくいんです」

そんな指標化しにくい、「行きつけの店」がつくれる街、歩いて楽しい街の姿が現れてくるような指標が「センシュアス度」である。「センシュアス」とは官能的という意味だが、これは都市生活における身体性に関わる項目で都市住民へのアンケートを行い住民のアクティビティーの豊かさで都市の魅力を測る物差しを提案しようという趣旨のものだ。

具体的にポイントとされる項目、及びアンケートの中身は、以下のような具合で、かなりユニークなものである。

1.「共同体に帰属している」＝ボランティアへの参加度やなじみの店の有無など
2.「匿名性がある」＝1人だけの時間を楽しんだり、昼間から酒を飲んだ経験など
3.「ロマンスがある」＝デートやナンパの機会、路上キスの経験など
4.「機会がある」＝知人ネットワークから仕事につながった経験など
5.「食文化が豊か」＝地ビール、地元食材を使った店の有無
6.「街を感じる」＝街の風景を眺めたり、喧騒を心地よく感じた経験
7.「自然を感じる」＝公園や水辺、空気などに触れて心地よく感じた経験
8.「歩ける」＝通りで遊ぶ子どもたちの声を聞いた経験や寄り道の誘惑の有無

これらのポイントの合計点で示されるのが、街の「センシュアス度」ということになる。こうして生まれた「センシュアス度」調査でもっとも高いポイントを獲得した街は「文京区」だという。ちなみに、2位は「大阪市北区」、3位は「武蔵野市」、4位は「目黒区」、5位は「大阪市西区」である。

谷根千のセンシュアス度

第1位が東京の文京区だが、区という単位は「住む場所」を考える上での範囲としては少し大きすぎる。もう少し細かい単位でエリアを絞ってもらいたいところだが、文京区がここで選ばれた理由を見ると、「共同体に帰属している」「歩ける」などの項目で、文京区が1位。これらの項目で、東京の区が多くランキングする一方、「食文化が豊か」の項目では、東京の区部は抜けて地方都市が上位を占める。

島原の分析によると、文京区において「共同体に帰属している」「歩ける」などの項目で評価されるような代表的なエリアは、「谷根千」（谷中、根津、千駄木）だという。この辺りは、寺や墓地などが多く、下町の情緒を残しながら、歩いて散策できる規模のこぢんまりとしたエリアである。名前のとおりの文教地域で、東京大学の本郷キャンパスなどもあり、住む場所としても人気が高い。23区の人口増加率でも、1・5パーセントで第5位（「平成27年1月「東京都の人口〈推計〉」」）。本書で示している、皇居を中心と見立てた中心から5キロという都心の範囲からは外れる地域も含まれているが、区全域がほぼ山手線の内側なので、都心といってもいいだろう。

ロマンスがある	機会がある	食文化が豊か	街を感じる	自然を感じる	歩ける
偏差値					
83.9	78.9	62.9	68.6	56.4	86.1
85.7	82.9	64.0	79.6	47.3	53.3
76.8	65.5	64.9	81.2	66.6	68.7
79.3	62.9	63.9	79.0	57.5	67.4
65.8	75.6	61.6	72.3	59.1	53.2
69.2	78.1	55.6	76.3	43.8	52.4
76.7	73.3	60.7	67.1	42.4	62.8
65.6	73.0	77.3	53.2	60.4	58.0
59.4	60.5	56.8	72.4	53.8	67.2
75.3	69.3	63.9	61.3	43.9	43.9
62.9	73.2	61.6	56.9	35.5	43.1
55.6	60.6	66.1	57.5	59.0	65.5
51.5	65.2	61.1	55.4	51.4	59.5
58.1	59.2	69.1	55.7	60.2	56.1
66.5	70.2	55.1	70.0	43.5	53.5
67.3	57.8	51.5	59.8	47.6	64.6
59.3	60.2	60.9	59.1	56.3	61.6
54.6	65.9	56.9	55.7	56.7	58.2
55.2	58.2	74.3	53.4	52.5	55.8
55.5	68.2	48.6	58.9	48.7	60.8

出典：調査研究レポート『Sensuous City［官能都市］――身体で経験する都市；センシュアス・シティ・ランキング』（資料：HOME'S総研）

センシュアス・シティ上位都市（ベスト20）

センシュアス・シティランキング		センシュアス度スコア（偏差値合計値）	共同体に帰属している	匿名性がある
			偏差値	
1	文京区	608.0	93.1	78.2
2	大阪市北区	566.5	75.9	77.8
3	武蔵野市	550.4	63.5	63.1
4	目黒区	548.6	68.9	69.8
5	大阪市西区	530.1	62.1	80.5
6	台東区	525.9	78.1	72.4
7	大阪市中央区	525.4	62.6	79.7
8	金沢市	515.0	65.9	61.7
9	品川区	508.7	68.4	70.3
10	港区	488.6	53.9	77.3
11	千代田区	485.6	73.9	78.4
12	静岡市	483.2	62.4	56.5
13	横浜市保土ヶ谷区	479.8	64.2	71.5
14	盛岡市	479.3	62.2	58.8
15	渋谷区	475.4	51.3	65.2
16	荒川区	472.3	62.8	60.9
17	福岡市	469.1	55.4	56.4
18	仙台市	458.0	52.2	57.8
19	那覇市	457.3	53.8	54.2
20	大阪市都島区	457.0	57.1	59.1

こうしたアンケート調査の末に、島原が分析したのが、商店街がある街という傾向だ。

「武蔵野市、目黒区、台東区、品川区なんかは、古くからある活気のある商店が住宅地域と接していることで〝センシュアス度〟が高い魅力ある地域になっています」

だが、新しい「住みたい場所」を探る上での答えが、「古き良き商店街の近くに住む」ではあまりに後ろ向きすぎる。いまどき求められる「コミュニティー」が必ずしも「古き良き」コミュニティーというのではないということも島原は主張する。

「古いコミュニティーがあり、昔からの居酒屋がたくさんあるなかに、若い人が経営するカフェやビストロができる。そんな多様性がある街がいい街です。東京の中心に近い場所にこそ、そういった街はたくさんあります。実は、そういう街を好むのは若い世代。シェアハウスなどの文化に親しんだ若い世代ほど、街に根付いた暮らしの価値を理解しています。流動性が高い世代こそ、都市にコミュニティーを求めているのです」

地元住民感が味わえる街で、根付いて暮らす感覚が、住む場所として最近新たにニーズを高めている。かつて若い世代が住みたい場所は、その街のステイタスと結びついていたが、それは古いものになりつつあるようだ。

例えば、島原に例としてあげてもらった街が門前仲町である。

富岡八幡宮の門前町として古くからの店も多いが、1本裏の路地に入ると新しい店も多い。あらゆる要素が入り交じっている。すぐ近くには住宅地域も広がっている。東京の下町的な地域でありながら、新しい町という要素を兼ね備えている。

「総合設計制度による再開発事業で失われるのは〝路地〟ですよね。そして、商業ビルの飲食フロアは、チェーン店しかない。チェーン店でない飲食店がある路地が失われると、街の魅力は失われます。でも、チェーン店があるからダメではないということも、センシュアス調査でわかりました。個人店もあって、チェーン店もある。それが魅力ある街の条件です」

チェーン店が必要なのは、人は生活の中で「匿名性」も重視するということだろう。「ただいま」と言って帰ることができる行きつけの店が生活の中で求められるのと同様に、そうではなく自分が誰かが問われない空間が都市の良さでもある。基本的に、「都市」が持っている「匿名性」と「地元」が持っている「根付いて暮らす」感覚、この両者を併せ持った場所が、今どきの住みたい場所の理想形ではないだろうか。

食をきっかけに変わりゆく都市

「閑静な住宅街」から「根付いて暮らす街」へ。都心回帰の時代になり、人々の住み方の思想も、「陰」から「陽」という選択に移りつつある。こうした食と住の近接が、いまどきの人気を集めている街の共通点である。

世界の先進都市もまた、いま食によって大きく変わりつつある。特に、アメリカの大都市では、産業化が行き過ぎた外食産業へのカウンターとしてオルタナティブな食、つまりオーガニックで手間暇をかけたフードを提供するレストランが、リーマン・ショック以降にたくさん登場するようになっている。

『ヒップな生活革命』という本を書いたニューヨーク在住のライター佐久間裕美子によると、ブルックリンの食文化が大きく変わったのは、せいぜいこの5年、もしくは10年という最近のことだという。

ニューヨークのブルックリンは、「これまでの企業主導のやり方」ではなく「少量生産のクラフトビール」や「近郊の農園で採れたミルクやタマゴ、フルーツを使った超自然派」のアイスクリーム店といった地元に根付いた形の飲食店が増えている。また、週末のフリーマーケットには、「ピクルスやビーフジャーキーといった加工食品、ドーナッツやアイスクリームといった甘味類、麺類やサンドイッチといった軽食など、食関係の売り主」といったおよそ100軒ほどの手作り、少数生産の食べ物を並べるブースが軒を連ねるのだという。

佐久間いわく「食のアルティザン（職人）文化」によって、都市が変化しているのだ。それまでテレビ局のプロデューサーだった人物が、リーマン・ショックを機に辞めて、チーズとクラフトビールのお店を始め、地元の食やコミュニティーに根付いたDIYなライフスタイルを送り始める。そんな都市住民の意識変化が、ブルックリンのような都市で顕著に表れている。

全米で最も住みたいと思われている街

こうしたアメリカの変化がもっとも早くに表れ、模範の対象となっているのは、「最も住みやすい都会」と呼ばれ日本でも知名度が高くなっているオレゴン州のポートランドである。こちらも、「食べ物のレベルは全米屈指」（佐久間）という食べ物で変化した都市だ。

ここで起きていることとは何か。佐久間はこう説明する。

これまでの衣食住の習慣を考え直そうという流れです。少数でもいいから本当にいいものを作りたいという作り手をはじめ供給側の努力と、環境や体により優しいものを身に着けたい、よりクリーンな食材を口にしたいという消費者の欲求が融合し、現在、食やファッションといった文化の様々なエリアで、エコ、ハンドメイド、オーガニックといった要素を鍵《かぎ》に変革が進んでいるのです。(前掲書)

ポートランドを日本に広めた1人でもあるバウムの宇田川裕喜は、この街が食を中心とした街づくりを、住民自治の強い意思として選び取ってきたことを指摘する。

「東京でもビルやマンションが建つときに、1階部分にお店を入居させますよね。ポートランドでは、それを決めるときに必ず近隣の住民たちが集まってこの街には何が必要かを議論するんです。だから、こうした場所には、大手のチェーン店よりも個人の経営する個性的な店舗が選ばれることが多いんです」

東京の街では、マンションやオフィスビルが街のにぎわいを阻害しているケースが多い。マンションやオフィスビルの1階にテナントを入れているケースでも、コンビニエンスストアやチェーン系の店舗が入るケースが多いが、ポートランドでは何の店舗がふさわしいかを、住民の合議によって決めるのだ。

従ってポートランドでは、全米の有名チェーン店であっても、そう簡単には出店ができないという。

「アメリカでは良心的な食料品スーパーのチェーンとして知られるトレイダージョーズも市民の反対で出店できませんでした。この街で何か変化が始まるときは、大きな資本ではなく、個人の事業やショップがきっかけになるのであって、その良さを見つけるのは、センスのいい個人なんだっていう思いが共有されているんです」（宇田川）

こうして街が開発されたとしても、にぎわいが途切れないような街づくりがポートランドでは実現しているのだという。また、ポートランドの都市政策の成功は、こうした市民参加型の住民自治の強さだけではない。

集積から生まれる都市コミュニティ

この街が魅力を高めた最大の要因について、佐久間は「都市成長境界線」の策定にあったということを指摘している。

ポートランドは、都市の範囲を「維持しやすい規模」に留めて、郊外化を防いだという。それは「周辺地域の農業や林業を守ろうという意図」でもある。実際にポートランドの都心部のサイズは「だいたい自転車で15分もあれば到着する程度の広さ」なのだ。アメリカの大都市が郊外化を続けた1950年代以降の時代に、それを防ぎ、都市の集積を維持したポートランドが、いつの間にか「最も住みやすい」場所になったということだ。

すでに日本でもポートランド発のライフスタイル雑誌『KINFOLK』の日本版が刊行されるなど、「手作り」「エコ」な価値観を伴ったポートランド的な文化は、大いに注目されている。ポートランド的な生活を考える場合に、人は自然と密接な環境を思い浮かべるが、重要なのはポートランドが、集積した都市である部分だ。むしろ、この街はにぎわいを逃がさないための努力を行っているのだ。ポートランドの教訓とは、都市は、拡散ではなく集積の論理で生み出されるということである。

一方、前出のブルックリンは、ポートランドに比べると巨大な都市だが、それでも東京の4分の1くらいの面積の敷地に、260万人が住んでいる集積度の高い都市であり、マンハッタンほどではないが、全米でそこに次ぐ人口密度を持つ都市である。こちらも集積の論理で街のにぎわいが維持されていると言えるだろう。

ポートランド、ブルックリンは、人口規模や経済のサイズもその成り立ちもまったく違った街だが、食を通した都市コミュニティーが発達している。両者の共通点はどちらも密集した都市を維持することで、そのにぎわい、コミュニティーを維持されているのだ。

東京におけるポートランド的な街

ポートランドが21世紀的な都市の最先端だとすると、これからの東京でポートランド的な場所になり得る地域はあるのだろうか。それを宇田川に聞いてみた。

「15年前でいうと中目黒だったと思います。古くからの建物が残されている街で、安い家賃でおもしろいことをやろうとする若い人たちが集まってくる街。でも今は、家賃も高くなり、十分開発されてしまっている」

むしろ注目は、古いビルのリノベーションなどが進む東京の東側だ。

「岩本町とか、蔵前、清澄白河なんかは、まだ古い建築物も多くて、期待できる街ですよね。清澄白河は、こだわりのカフェが多くてコーヒーを1日に何度も飲むような生活には向いてますし」

東京の中心部から東側のエリアに古いビル物件が多いことを利用し、リノベーションで事務所や飲食店、ギャラリーなどに変えていこうという「セントラルイースト東京」という運動があった。これは、東京の東側を劇的に変えたわけではないが、十数年という長い年月をかけてようやく点が面に展開するような、スローな都市の再生が起きている。

　宇田川の事務所があるのは、日本橋小網町。東京駅の東側、距離にして約1キロという都心といっていい立地だが、街路が狭く小規模の飲食店が建ち並ぶ下町、日本橋人形町のすぐ近くである。

「この辺は、安くて美味しい食べ物屋さんが多い地域です。小さい焙煎機があるコーヒー屋を若い人がやっている例もありますし、ちょっと離れていますけど、小伝馬町にはブルックリンから帰ってきた日本人が開いた店なんかもあります」

　小伝馬町、人形町、東日本橋、馬喰町。これらは、徒歩で歩き回るエリアとしては少し広すぎるが、個性的なカフェやバー、レストランが増えており、夜に出歩いても、「おひとりさま」女性が多い場所である。

　既出の株式会社ワンズの発表によると、「2020年に成長性が高いと推計される駅商圏」で、日本橋人形町は第2位である。

　まさに日本橋人形町は、住宅地と活気のある商店街が隣接し、個性的な飲食店が並ぶ街でもある。古いコミュニティーのある街でありながら、近年は外からの流入があり、古い店と新しい店とが混在している。これは、島原万丈が指摘していた「センシュアスな街」の条件を備えてもいる。

かつてであれば、東京西側の東急線沿線にステイタスを感じていたような人々が、むしろこの辺り、つまり「真ん中よりちょっと東」を狙って独り暮らしを始めるケースも多いという。日本橋人形町の界隈であれば、都心の便利さを享受できる。東京駅を中心としてみた場合の距離は、約1キロでしかないのだ。

横丁に支えられる都市型食文化

「食」で変わる東京の都市でいえば、注目すべきは横丁ブームだろう。

いまどきなぜ横丁がにぎわっているのだろう。新宿西口思い出横丁、渋谷のんべい横丁、吉祥寺のハモニカ横丁、北千住の飲み屋横丁、大井町駅東口東小路、蒲田くいだおれ横丁などが有名だが、昨今のブームの象徴的な存在としては、赤羽のOK横丁や京成立石の立石仲見世商店街など、都心から離れた場所にある横丁もにぎわっている。

小さな路地に所狭しと並ぶ小さな飲食店。この手の横丁がにぎわい始めたのは、せいぜ

東京の有名な横丁

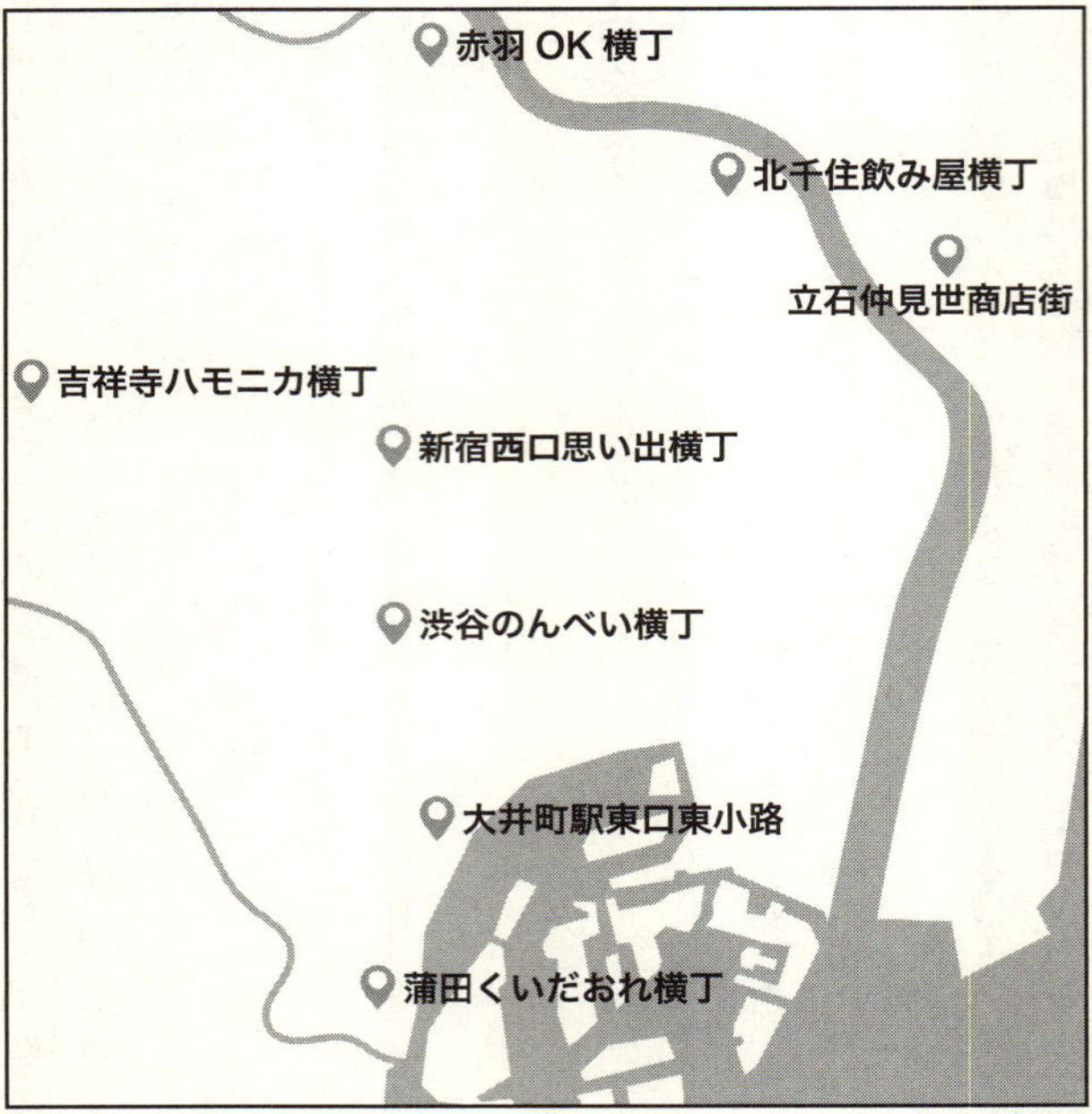

いこの5年、10年である。

現代の横丁をフィールドワークし、都市計画なき都市の発展を研究する明治大学理工学部建築学科石榑《いしぐれ》督和《まさかず》助教によると横丁もまた変化しているのだという。

「横丁は昔からずっとにぎわっていたわけではありません。いまのブームの先駆けになったのは、吉祥寺のハモニカ横丁だと思いますが、ここも歯抜けでスカスカだった時期があります」

ハモニカ横丁は、「住みたい街ナンバーワン」を長年独占していた吉祥寺の駅のすぐ側にある100軒ほどの小さなお店が軒を並べる「横丁」である。

このハモニカ横丁の場合は、小さな一杯飲み屋などが軒を並べる「中央通り商店街」だけではなく、雑貨屋や洋服屋、八百屋などの商店が多数入居しているのが特徴だ。

ハモニカ横丁の「中央通り商店街」も、東京の他の横丁同様かつては会社帰りのサラリーマンたちや、地元のおじさんたちのための一杯飲み屋だった。だが、いま横丁や立ち飲み街に繰りだしているのは、もっと若い世代だ。そして、女性の割合も多い。

「ヒップな生活革命」としての横丁

東京には、多くの横丁が存在するが、その多くは元々、青空市・闇市だったという歴史があり、その名残もまだ残っている。戦後、主にターミナル駅の前に新興市場空間として始まった闇市が、次第に一時的な許可、その後に発生した占有権などのゆるい管理の下、バラック状態の低層の建築物として残り、現代では横丁と呼ばれる存在になった。

新宿のゴールデン街のような、駅から少し離れているような横丁の場合は、1950年以降、駅前整備とともに代替地へ移動したケースであり、戦後そのままの横丁とは違う「第二世代」の闇市ともいうべき存在だと石榑は指摘する。

さて、人はなぜ再び「横丁」に集うようになったのか。

石榑によると、横丁の特徴とは「界隈性を持って、小さい店舗が集合している場所」ということになる。地域特有の個性、占有という事情がかかわるため、横丁には「地域性」が発生する。こういったハードルが、結果、個性的な個人店舗の集合体を生んでいるのだ。横丁ブームは、アメリカのポートランドやブルックリンで起こっている、消費意識、都市住民意識の変化としての「変革」とは様相は違うが、「これまでの企業主導のやり方」への反発というレベルでは、価値観の変革にともなうものと考えていいだろう。

横丁的な場所に出店する若い世代のオーナーたちは、地元の食やコミュニティーに根付いたDIYなライフスタイルの実現という意識を多かれ少なかれ持っている。佐久間の著書のタイトルでもあり、ポートランド、ブルックリン的な価値観を指す「ヒップな生活革命」という表現を借りると、横丁には、「日本版ヒップな生活革命」的要素があるということになるだろう。

これらの横丁が支持されるのは、それらの店が提供する飲食の安さとも関係している。

急速な地価高騰は飲食文化にとっては大敵である。東京の都心部は、賃料の高騰も激しい。個人経営の店舗ではその高騰について行けず、残るのは大手チェーンばかりということになってしまう。その中で、「占有」という歴史的経緯によって暴力的な不動産市場の原理から守られる「横丁」は、安いままの飲食物を提供できるというメリットを持っている。これは一種の既得権益でもあるが、食文化を守るための図らずしもの「飲食街経済特区」となっている側面もある。もちろん、これが都市住民にとっては歓迎すべきことであるのは間違いない。

にぎやかな横丁のある街・北千住

横丁ブームもまた、繁華街から住宅地へという、飲む場所の変化の一形態だろう。住む場所として注目すべき横丁のある街は、北千住である。「西高東低」の傾向が強かったこれまでの住みたい街ランキングの類いでは、まず名前の出てくることのない場所が北千住だが、最近はその魅力、住みやすさについて「注目の街」という扱いを受ける機会も増えてきている。

リクルートの『SUUMO』が調査する「みんなが選んだ住みたい街ランキング関東版」

において、2014年に前年の圏外から21位とジャンプアップ、翌年28位にダウンしたが、2016年には18位に上昇したことで、「次にくる住みたい街」としてピックアップされた。

北千住は、5つの路線が乗り入れるターミナル駅だ。都心でもないし、本書で触れてきた「ちょっと東」ではなく、東京駅から直線で約9キロという「だいぶ北東」である。

ただ、北千住は「住むのにいい街は、まず活気のある商店街が近くにあること」という今どきの住みたい場所の傾向と合致している。駅周辺には、マルイなどがある大きな駅前商店街を含めて、四つのにぎやかな商店街がある。そして、北千住飲み屋横丁が駅西口を出てすぐの左手方向に伸びている。この横丁に軒を並べる店は、古くからの味のある一杯飲み屋といまどきのワインバル的な「リノベ」店舗が混合しており、客層は女性の割合が多い。その一角には風俗街も存在するが、本当に治安が悪いのであれば、女性客はこんなには多くないだろう。

横丁に新しい店が多いのは、2000年代に入ってこの辺りに大学のキャンパスが増えたことも関係しているだろう。東京藝術大学や東京電機大学を始めとした5つの大学がこの近くにキャンパスを構えている。

実のところ北千住のある「足立区」は、昨今メディアなどではあまり評判がよくない。23区内で最高の所得水準を誇るのは港区の903・7万円だが、足立区は最下位の323万円。約2・8倍の格差があるということが指摘されている。

だが、そう悲観することはない。足立区は、実のところ日本の平均に近い所得水準に過ぎず、異常なのは港区だとジオマーケティング株式会社の酒井嘉昭は指摘する。足立区の所得水準が低いのは、クラスター分析によると、足立区のクラスターの18パーセント、5万6000世帯が高齢者地区に分類される、古くからの住民が多く住む地域だからということになるのだ。

街に根付いた暮らしが求められてきている

八丁堀に蔵前、そして北千住。この章において、いまどきの住むべき場所として取り上げた街は、人口が増えているだけではなく、「食」と「住」が近接したにぎやかな街である。

かつての「閑静な住宅地」というコピーとは裏腹に、生活やコミュニティー、または飲食などの要素に「根付いた街」がいまどきの住みたい街になり始めている。これは、静かな「陰」の住む場所から、にぎやかな「陽」の住む場所へ、人の住む場所の憧れが変化しているとみることができるだろう。

かつてのベッドタウンやニュータウンから通ってくる場所としての東京は、ビジネス街と繁華街が切り離されていて、それぞれが「よそ行き」の場所であることが重要だった。だが、いまどきの都心回帰時代、人は、住む場所と働く場所、そして買い物する場所と食べる場所、飲む場所がより近接し、混ざり合っている場所として東京を塗り替えようとしている。すでに、食住近接型都市の時代が始まっているのである。

第3章　東京住民のそれぞれの引っ越し理由

ままならない住む場所選びの本質

自分の置かれた状況を改善する手段として、住んでいる場所を変えることができるかどうかが問われていく時代。自発的な住む場所の選択が、その人の人生を決める。

だが、居住移転選択の自由とはいうものの、実際に住む場所を選んでいる人々に、転居の理由を尋ねると、言うほど自由ではない現実も見えてくる。

例えば、親の介護による休職は、社会問題としても注目されているが、介護を理由として住む場所を考え直さなくてはいけなくなり、移住を余儀なくされる人たちは増えている。これは、個人の都合とは別のファクターが、住む場所選びに強く介入するケースである。

一方、もっと若い世代であれば、親の介護に縛られることなく自由な暮らしができるだろうと思うが、実際に話を聞いてみると、そう自由なわけでもないことがわかる。

かつて大学生は、親元を離れて独り暮らしを始めるというのが「自立」の意味においても大事とされていたが、昨今はそういった空気はすでに失われている。むしろ、親の収入状況全般はかつてよりも悪化しつつあり、自宅から通える地元での進学を望む親が増えているのだ。

実際、この20年で仕送りの平均額も減っている。ピーク時の1996年は、仕送りの平均は、10万2240円。それが、昨今では7万1140円（2014年）まで目減り（全国大学生活協同組合連合会の調査結果）した。大学生が気楽にアパートやマンションで独り暮らしを満喫できた時代とは、特定の経済状況に支えられていたものに過ぎなかったのだろう。

ここからは、ヒアリングによって集めた事例のいくつかを取り上げながら、いまどきの人の住む場所探しの現状を考察してみよう。

私鉄沿線のニュータウンの落とし穴

まずは、ままならない引っ越しの事例から取り上げたい。

【Aさん】37歳　女性　出版社編集者　港区六本木在住

郊外に憧れのマイホームを手に入れる。昭和のファミリーの理想的なライフスタイルの典型だが、これが必ずしも幸せな結末を迎えるとは限らない。

Aさんは、銀座にオフィスがある出版社に勤める40歳手前の編集者である。銀行員の父親と専業主婦の母親、それに姉がいる4人家族の末っ子として育っている。彼女が中学生の時分に家族は、都内の会社の社宅から小田急線の郊外、新百合ヶ丘に念願のマイホームを建てて引っ越した。それまでの社宅は、都内の京王線沿線上にあった。彼女は、千代田区の中高一貫の女子校に通っていたが、まったく苦になる距離ではなかった。犬を飼いたかったこともあり、家族はマイホームを買い求めたのだ。

新しいマイホームがある新百合ヶ丘は、高度経済成長の時代に開発された典型的な東京のベッドタウンである。山林と農地ばかりだった場所があっという間に住宅地に変わっていった歴史を持つ。

新宿までは急行で約40分という距離である。郊外のニュータウンの沿線の常だが、朝晩はものすごく混雑する。しかも、Aさんの家族が買い求めたマイホームは、新百合ヶ丘の駅までバスで25分という物件だった。通っていた学校までは、さらに乗り換えがあるので、通学時間は約1時間半である。彼女は殺人的なラッシュに耐えきれず、各駅停車を利用することのほうが多かった。さらに時間はかかった。

マイホームでの犬との生活を手にした一方で、Aさんの家族は長距離通勤・通学の苦しみを引き受けることになったのだ。

Aさんは、次第に、この生活に身体的に疲弊していく。父親は、マイホームを手にした翌年に地方へ転勤となってしまい、単身赴任で不在という生活を余儀なくされる。さらに、バスの最終は、21時30分だった。Aさんは「自由な気質の姉は、その時間の制約に我慢できずに、ぐれていきました」と話す。

家族は、数年でマイホームでの生活に見切りをつけた。Aさんは、都心の広尾に母親と2人で脱出し、残りの高校生活を送ることになった。ようやく長距離通学から逃れ、健康的な高校生活を取り戻すことができた。

こうしたかつての長距離通学の悪夢は、その後のAさんの住む場所の考え方に影響を及ぼしている。現在のAさんが住んでいる場所は、港区の六本木である。職場の銀座までは、直線でほぼ3キロ。仕事柄、帰りが遅くなることも多いが、徒歩というにはやや遠くても、タクシーで帰るには苦にならない近距離である。家賃はもちろん安くはないが、遠距離通勤は絶対に嫌だったのだ。

結局、両親も新百合ヶ丘の一軒家を手放した。そして、港区の赤坂のマンションを購入し、やはり都心での暮らしを選んでいる。老後の「都心回帰」である。

郊外のマイホームでの生活は、家族の誰にとっても幸せなものではなかった。住む場所の善し悪しは、実際に住んで生活をしてみないとわからない。それが、Aさんがかつて得た教訓であるという。

帰農、ログハウス、自給自足という夢のセカンドライフ

住む場所をどう決めるかは、定年以後の生活「セカンドライフ」をどう過ごすかという局面を迎えた人々にとっても重要なものだ。だが、そこで翻弄される人たちも増えていきそうだ。これは筆者の両親の話だが、ここでは「B夫婦」と表記する。

【B夫婦】団塊世代　東京都調布市→長野県菅平高原→石川県野々市市

我が両親は、ベビーブーマー世代、その息子である筆者は、1973年生まれだから、団塊ジュニア世代のど真ん中。さらに核家族で、ニューファミリーで、サラリーマン家庭で、母は専業主婦で、子どもは2人で、さらにマイカー族。典型的な戦後のファミリーだが、父親が転勤を繰り返していたため、マイホームを手に入れることはなかった。

サラリーマンと専業主婦として、常に地方都市を転々とし、定住の場所がなかった両親にとっては、定年後に住む場所は、何にも縛られない完全な自由な選択が可能だった。

父親は定年直前は東京の調布市に住んでいたが、そのマンションの部屋を定年と同時に引き払い、東京を離れる決意をする。

長年働いた銀行を定年で辞めた父親がセカンドライフの住み家として選んだ場所は、縁もゆかりもなかった長野県の菅平高原という山間部の保養地である。高速道からかなり長距離の山道を登った標高の高い場所に建つ丸太小屋で、その近くに農地も借りた。この長野県という選択肢には、母の両親がいる金沢、父にとっては故郷である秋田、そして仲いい姉が住む山形にも行くことができる、近しい人たちすべての中間地点という選択でもあった。だが、主な理由は父のロマンの追求である。

当時の父親が口にしていたのは「自給自足」という夢だった。銀行員としての人生を送ってきた父親にとっては、実体のある収穫が得られる自然に囲まれた生活が、ロマン溢れるものに思えたのは当然だ。

ただ、その夢の丸太小屋&農業の生活は、3年で終わった。畑はことごとくイノシシに荒らされたし、長野の標高の高い地域の冬の寒さは、北国育ちの両親にとってもつらいものだった。母親は、近所のペンションの手伝いをするなど、元来のコミュニケーション能力を発揮して、楽しそうに暮らしていた。だが2人は、次の冬を乗り越える自信は持てずに、4年目の冬を前に山を下りることを決意した。

その次に両親が選んだのは、母親の故郷であり、父親としても若い頃に赴任地として過ごした金沢市の隣にある野々市市という場所である。郊外の住宅地で、家庭菜園ができる程度の庭もある。買い物や通院などには車を使わなくてはならないとはいえ、大自然に囲まれた生活ではないが、都市暮らしでもない、その中間的な都市郊外の生活という現実的な解を見出し、現在に至っている。

引退後に農業を志すサラリーマンは、年間数万人単位でいるのだという。その内のどれだけが、挫折せずにそれに従事できるのかはわからない。団塊世代は、農村から都市部への人口移動の中心世代である。この世代が、定年後に田舎暮らしをしたいというのは、わからなくはないが、我が両親は完全なる失敗ケースだ。なぜか、彼らには都会での暮らしへの嫌悪が強く、また一軒家へのこだわりもある。

息子としては、都心の便のいいところに住めばいいと常々提案をするのだが、どうしても郊外のほうが環境がいいと信じているようだ。

脱東京・地方移住の成功例

ままならなかった移動のケースばかりではなく、地方移住の成功例も取り上げてみたい。

【Cさん】51歳女性　編集・校閲・DTPオペレーター　東京都大田区→大分県→静岡県伊豆高原

Cさんは、東京で編集・校閲、DTPの仕事をしていた51歳の女性。東京の大田区大森に住んでいた。

彼女が東京を離れたのは、九州の大分にある実家の母が脳梗塞で倒れたことがきっかけだった。スタートは、介護を理由としたままならない理由である。

彼女の仕事は、インターネットや、当日便が使える宅配便・航空便を使えば、遠隔地でも続けることができる仕事である。生きている内に親孝行しておきたいことと、田舎暮らしを経験したいという2つの理由から、Cさんは夫を伴い夫婦で大分へ飛び立った。

大分に拠点を変えることで、確かに仕事は減った。だが、減ったのは急ぎの仕事ばかりなので、結果として精神的・肉体的負担が減ったという。また、仕事は多少減っても、地方では住居費が安いので経済的にも問題はなかった。むしろ、都心の環境よりも、生活騒音に悩まされず、自然に囲まれた中で働くことには、開放感を感じることができ、一歩外に出るだけで、気分転換になると気に入っている。

東京に住んでいるときは、休暇で田舎に行って東京に戻るとため息が出たが、田舎に住んでいて東京に行って戻ってもため息が出ない。閉塞感の違いではないか。

通信環境が整備されたので、職種によっては、東京にいなくても仕事ができる時代になっている。Uターンで老後を迎えるということも考えると、子ども時代からよく知る友人が何人もいることは安心できることでもある。一方で、地方暮らしのデメリットを感じることもある。文化的刺激がない。店、病院の選択肢がない。加えて、車がないと生活できないというのもデメリットである。

彼女の介護生活は、4年で終わった。母が回復したので、東京に戻ることもできた。だが、田舎暮らしの中で、すでに一軒家で6匹の猫を拾って育てていた。この猫たちを放し飼いできる、広くて近所に民家がないような物件を探すことになった。たまたま見つけたのは、伊豆高原にある庭の広い物件である。彼女は結局、東京よりも、自然の多い環境を選んだのだ。別荘地なので通常の地方暮らしと違い、東京からの移住者がほとんど。共同作業や集会はないが、猫がいなくなったときは20軒ほどが親身になって捜してくれたという。

同じ別荘地を選んで住む時点で価値観が似ているのだろう。干渉はしないが、見守り合って暮らしていると感じる。

伊豆高原では犬を飼っている人が多く、散歩で地域の情報交換が成立している。家庭菜園の野菜や山菜、釣り魚の交換などもある。土の庭があり焚き火もできるのは、防災上も安心感がある。

行政上は東海だが、文化圏としては関東なので、東京生まれの夫には大分より居心地がいい。

東京に比べればやはり刺激はないが、大分にいたときよりは東京に行くのに腰が軽い。

脱東京、地方移住でキーになるのは、仕事の継続である。Cさんのケースでは、遠隔地でもできる仕事だったことが大きい。たとえインターネットで仕事が継続できるケースでも、物理的な距離が離れることで密接なコミュニケーションが取れず、うまくいかないという場合も多々あるので、ケースバイケースということになるだろう。

港区のタワーマンションから鎌倉への移住

もうひとつの脱東京のケースも挙げておこう。

【Dさん】42歳　出版社勤務　脱東京都心・鎌倉移住

Dさんは、書籍の編集者である。アメリカのテクノロジーや、新しいライフスタイルの哲学などの翻訳本のベストセラーを担当してきた彼は、それまでは夫婦で港区高輪のタワーマンションに住んでいたが、家庭菜園があって、デッキでバーベキューができるくらい広い庭のある鎌倉の一軒家（借家）に越した。

引っ越しを決めた最大の理由は、趣味のトレイルランニングをするための環境を手に入れるということ。他には、外資系金融会社で働いているイギリス人の妻にとっても、隣近所との付き合いがない東京の生活より、週末は自然に囲まれた生活が楽しめるほうが理想的と考えた。

Dさんは、40歳を機に、ライフスタイルを大きく変えようという意図があったという。

それまでは、仕事が夜遅くまでずれ込むことも多かったし、遅くまで仲間と飲むような生活を送ってきた。住む場所も、職場に近い都心の華やかな場所を選んできた。その行き着いた先が、港区高輪のタワーマンションというのもわかる。そうした職住近接の都心暮らしから、自然やコミュニティに囲まれたライフスタイルへと向かったのだ。

そのときに選択肢は2つあった。1つは、東京の東側への脱出だ。具体的には千代田区神田岩本町である。友だちが経営する飲食店があり、「西高東低」と呼ばれるような東京西側に偏っていた文化的なコミュニティが、東側に移動しつつあるという流れの中で、東側に転居するという案だ。都心から離れることはなく、充実したコミュニティにも属すことができる。

もう1つが、思い切って鎌倉まで行ってしまうというアイデアだ。トレイルにアクセスしやすく、庭付きの物件も手が届くのが利点。また、鎌倉なら都心以上に、文化的なコミュニティも存在する。

Dさんが迷った末に選択したのは、鎌倉だった。人はいくらでも移動できるが、山と海は動かない。その希少性の価値を優先したのだ。

鎌倉が魅力的なのは、移住者のコミュニティも存在する点である。鎌倉移住は、クリエイティブな仕事をする人たちの間では、すでに数度目のブームになっていて、同業の出版関係者の移住組も多い。Dさんの場合も、都心暮らしの時にはなかった近所付き合いが生まれたという。これも鎌倉に引っ越したプラス項目の1つだった。しかも、家の両隣に住むのは画家とピアニストで、これはふつうの地方移住ではありえないが、鎌倉だからありえることである。

一方、鎌倉に住むことで生じる明らかなデメリットは、遠距離通勤である。

Dさんは、片道1時間という長距離電車移動がマイナスにならないアイデアを抱いて移住を決意した。通勤に会社まで1本で行ける「湘南新宿ライン」を利用し、そのグリーン車に乗ることで朝の通勤をデスクワークの時間として有効活用するというアイデアだ。この料金は、会社からの交通費とは別の自腹である。月にして約3万円は、出費ではなく投資であると考えた。誰にも邪魔されないこの時間帯は、むしろ会社のデスク以上に集中して仕事に没頭できる時間である。

そもそも朝が遅い業界で、自身も朝が得意というわけではなかったが、鎌倉の朝は早く、またグリーン車で座って通勤できることで、かえって出社時間が格段に早まることになった。日々のデスクワークは、この時間帯でカバーできてしまうので、会社に行ってからは、もっと別の仕事ができるようになったという。

このDさんのケースは、多くヒアリングを重ねた中でも、かなりレアなケースである。徹底的に移住のメリット・デメリットを考え抜き、問題点を解決した上で移住を決意した。そして、これは移住に伴う、ライフスタイルとワークスタイルの変化の成功例でもある。

LGBTコミュニティと結びつきつつある神宮前

【Eさん】34歳　飲食店経営者

コミュニティで住む街を選ぶ。そんな事例も取り上げてみたい。

バーを経営する杉山文野さんが店を構えた渋谷区神宮前二丁目は、原宿、千駄ヶ谷、外苑前などの駅の中間にある地域で、元々、ファッション関連やデザイン系など、クリエイティブな人々が集まる街である。

2015年3月、渋谷区は「LGBT」（L＝レズビアン、G＝ゲイ、B＝バイセクシュアル、T＝トランスジェンダー。女性同性愛者、男性同性愛者、両性愛者を指す）の人が暮らせる街という視点から同性パートナーシップ条例を可決した。杉山さんは、渋谷区男女平等推進委員としてこれを推進した1人。神宮前も、そんな渋谷の中の街の1つだ。

そこで杉山さんが考えているのは、「新二丁目計画」である。

新宿二丁目は、ゲイバーの集積した街として知られる。しかし、新宿は「夜の街」的な色合いが強く出た街である。それとは別に、もう少し落ち着いたエリアに、普段の生活の中に自然にあるコミュニティをつくりたかった。それが神宮前「二丁目」を舞台にした「新二丁目計画」だ。

「LGBT」の人たちは、横のつながりをストレートの人たちよりも大事にするともいう。働く職場では、カミングアウトをしていない人も、家に帰る前にクッションになる場所として杉山のバーに立ち寄り、ガス抜きをする。そんなバーなのだ。

そして、この店に人が集まる「LGBT」の輪の中から、家を引っ越すタイミングでこの神宮前を選んで引っ越してくるケースが増えてきたのだという。人数でいえば、この界隈のコミュニティのメンバーは20人前後。これは、「LGBT」というコミュニティに紐付いた移住のケースといえるだろう。

渋谷区が「ダイバーシティ」＝多様性、を打ち出すのは、性的マイノリティーが暮らしやすい街をつくることによって、新規移住者を増やそうという試みでもある。

コミュニティと住む場所が結びつくポイントは、飲食店がハブになるというところである。このバーともう1つ、杉山さんは近所にタイ料理店を経営している。にぎやかな飲食店がある地域は、住みたい場所としても人気の場所になりつつある。

確かに家賃は、安くはない。近くに住んでいる人は、司法書士など、手に職のある人に限られる。ただし、最寄り駅が近くないということもあり、探せば家賃の安い物件もあるという。

こうしたコミュニティを選ぶことで、街を選んでいくスタイルも、これからはもっと当たり前になっていくかもしれない。

通勤しない新しい都市型生活

【Fさん】52歳　テレビ局勤務　職住近接・湾岸タワーマンション在住

次のケースは、筆者がフジテレビのウェブ専門チャンネル・ホウドウキョクの報道番組

『あしたのコンパス』という番組でご一緒させていただいているフジテレビの阿部知代さんの例である。彼女は、アナウンサー時代、『なるほど!ザ・ワールド』のレポーターとして世界中を旅した経歴の持ち主。2015年に東京に戻ってくるまでの3年間は、ニューヨークで支社に赴任していた。

彼女が東京に帰ってきてから選んだ「住む場所」は、勤務先のフジテレビから数駅の近い場所。そこを選んだ理由は、「電車に乗らない生活にあまりに慣れ親しんでしまったから」だという。

彼女のニューヨークでの仕事は、事件や事故が起こったら現地からレポートすることだった。いつなんどき呼び出しがかかるかわからない。ミッドタウン・イーストにある支社の徒歩圏内に住むのが社命だった。

ニューヨークのマンハッタンは世界でも随一の家賃の高い街である。この島内に住む人たちの平均年収は、日本円で1500万円以上だという。彼女はその街の、セキュリティー上必要であるドアマンが立つ高層アパートメントから毎日15分徒歩で3年間、会社通いをしていた。

かつての東京暮らしの時代、彼女は、池尻大橋（渋谷から郊外に向かう田園都市線で一駅の町）に住んでいたという。10分程度の徒歩と、2度の電車の乗り換えを含む通勤時間はほぼ1時間。東京では、よくある通勤時間、通勤距離だ。

だが、3年のニューヨーク暮らしを経て、東京に戻るときには、かつての通勤が負担に思えるようになった。ニューヨークのエグゼクティブ・ビジネスマンの多くは、マンハッタン内に住む。郊外に住むのは子育てのためなど、むしろ少数派、または豪邸を持つ超富裕層だ。そして、通勤するのは、中流のビジネス層たちということになる。

阿部さんが徒歩での通勤生活で得た最大のものは、朝の余裕ある時間だった。通勤にかけていた約1時間を、準備や読書などに費やすことができる生活。それを求めて彼女は、東京に帰ってきても、極力電車通勤で疲弊しないで済む場所を選ぶことを考えた。

結論としては、電車に乗るが、混雑しない路線を選んだ。職場のあるお台場は、遊べる場所も少なく寂しいということもあり、数駅で通える場所、しかも東京湾に近く、川を眺められる眺望の良さも条件だった。眺望の良さ。これもニューヨークで気づいた都市生活のポイント。プライバシーの問題もあるため、具体的な地名は避けるが、湾岸のタワーマンションである。

都心への人口流入が増えているということは、イコール電車通勤をしない生活を選ぶ人は増えているということでもある。職住近接。ある意味では、東京のような大都市以外では当たり前に享受できる生活が、東京でも選ばれ始めているのだ。

東側に回帰しつつある東京

【Gさん】50歳　雑誌編集長　鎌倉から東京への移住

次は、鎌倉から東京へ帰ってきたケースである。

Gさんは、広告系から転職した出版社の雑誌編集長。東京生まれだが、鎌倉に移住し、暮らしていた。広告や雑誌系の関係者が鎌倉移住をすすめていたブームのはしりの時代のことといっていいかもしれない。

地元のカフェやレストランはレベルも高く、週末のゆっくりと時間が流れる鎌倉生活は、かなり気に入っていたという。会社まで1時間以上かかる通勤も、読書の時間に充ててストレスなく過ごしていた。雑誌の仕事は忙しいが、その分、会社勤めのサラリーマンとは時間帯がズレる分、ラッシュは避けて通うことができたのだ。

だが、実家である都内の北区（最寄り駅は駒込）にマンションが建つことになり、それを機に駒込に移住することになった。そのうちに、父親の介護を、兄弟で曜日持ち回りで担当することになった。

広告業界にしても、出版業界にしても、圧倒的に「西高東低」の空気が強く、知人・友人の多くは、中央線や東急沿線など、東京の西側に住んでいた。Gさんにとっては、広告業界や出版業界の人間がよく遊んでいるような中目黒や三宿といった場所は、「田舎者が遊ぶ場所」という思いがある。これは、東側出身の「東京っ子」の意識なのだろう。鎌倉での生活が、コミュニティに根付いた楽しいものだったのに対し、東京へ戻ってきてからの生活は、むしろ寂しいものになったという。

ただし昨今は、谷根千エリア（谷中、根津、千駄木といった東京の東側）に、そこそこ楽しめる飲食店が増えてきたことがうれしいという。さらには、その周辺に同業者や知人が集まりつつあり、ようやく、楽しい飲み仲間が生まれつつある。

出版や広告の業界でも、かつての東京の西側志向が薄れ、少しずつ東へのシフトチェンジが起こっている。

特に30代のファッション系などに強い女性ファッションエディターなど、かつては東急東横線辺りに住んでいたであろう人種が、あえて浅草界隈に住む場所を選ぶなどというのは、すでに当たり前になりつつあるという。

東急線沿線から都心へ移住

離婚という一見ネガティブな移住の理由に見えるが、それを転機として住む場所の考え方のチェンジがうまくいった例が、次のケースである。

【Hさん】30歳　ウェブ系メディア会社勤務　新富町在住

Hさんの場合、東京西側の暮らしが長かった。だが、離婚を機にそこから抜け出したというケースの都心への移住例である。

元IT系の職種で仕事の関係で、品川周辺や東急沿線に住み、結婚とともに三軒茶屋に住んでいた30歳の女性。地方出身（西日本）であり、進学を機に上京。大学時代は、東京郊外に住んでおり、大学卒業後、就職先が品川だったために中延に引っ越したという。

中延駅は、東急大井町線が通るいわゆる東急沿線。東急沿線への憧れもあった。その後、転職で職場が渋谷近辺になったこともあり、今度は東急東横線の学芸大学駅（東急電鉄HP）に引っ越した。中延駅も学芸大学駅も、駅の周囲ににぎやかな商店街があり、住みやすい場所としての定評がある。

その後、20代後半で結婚したHさんは、東急田園都市線の渋谷にほど近い三軒茶屋に転居した。彼女自身、IT企業からウェブメディアに転業したこともあり、同業者も近所に多く、職と住む場所が一体となった生活を送ることができたという。

それから月日がたち、彼女が現在住んでいるのは、駅名で言えば新富町。新富町は、住所で言えば中央区築地。銀座まで歩いて5分と、東側というよりも都心である。

それまでは東急線沿線への憧れなどもあったが、気分を変えたかったというのが、彼女が東京西側を離れた大きな理由。もっと東の綾瀬（これは、通っていたホットヨガ教室に近いという理由から）などへの移住も考えていたが、妹が隣町である八丁堀に住んでいたこともあり、この辺りが意外と単身生活者向けのマンションが多いことを知って興味を持ったのだという。

彼女の場合、決まった通勤はない。自宅での作業が中心になるが、打ち合わせなどで外に出る機会は多い。都心に住む利便性は、仕事でも遊びでも強く感じているという。「渋谷界隈で遊ぶ」ことが減り、「銀座界隈」がテリトリーになったともいう。また、住む場所の変化は、交友関係の変化にもつながりやすい。実際、最近は近所に住む独身女性と、近所で遊ぶことが多いという。Hさんの場合は、離婚というきっかけがあったこともあり、すんなり脱西側が果たせたケースである。

東京東側での地元に根ざした生活

次のケースは、上京以降、東京の東側にしか住んだことがない、むしろ新宿や渋谷にまったく行くことがないという女性のケースである。

【Iさん】32歳　看護師　日本橋人形町在住

Iさんは、既婚子育て中のアラサー女性で、中央区日本橋人形町在住である。出身は九州である。就職を機に上京してきた。職業は看護師。以前は錦糸町、東日本橋などで暮らしていて、東京では東側の街でしか生活の経験がないという。

東側に定着したきっかけは、最初に働いた職場が、東京の東側である墨田区錦糸町の病院だったためだ。病院の近くに東京で最初の住居を決めている。

その後、東日本橋など東京の東側の街を転々として、今の日本橋人形町に落ち着いたという。子どもはまだ小さいが、近所の保育所に預けて働きに出ている。この辺りは待機児童が多いので、「保活」を行う必要があったという。現在の職場は地下鉄で10分という近距離だ。結婚相手は、近所のなじみの店で知り合ったという。これまた日本橋近郊の会社に勤める会社員ということで、すべての生活が日本橋界隈で収まっており、地元に根ざした近接性の高い生活が気に入っている。よく行く飲食店も顔なじみになっている店ばかりで、地元に根付いた暮らしを送っているのだという。地元のママ友コミュニティとも、たまにバーベキューなどに出かけることもある。

Iさんがこの日本橋人形町に住んだのは、この街が住みやすく、飲食店の豊富さや下町の人情が感じられる雰囲気が気に入ったからだ。ただ家賃は安くないため、子どもが大きくなったらもう少し広いところに引っ越す必要があると感じている。人形町は、かなり都心なので家賃が高いから、もう少し都心から離れてもいいと感じている。それでも、選択肢は東京の東側ということになる。

元々、感覚的に東側しか馴染めないと感じていることもあり、渋谷や新宿にはほとんど出かけることはない。遊びに外に出るときには、銀座に行くという。華やかな場所が嫌いというわけではないのだ。

西高東低の呪縛に囚われるケース

もうひとつのケースは、逆に東京の西側という意識が強過ぎるという事例だ。

【Jさん】30代半ば　スタイリスト　自由が丘在住

Jさんの職業は、スタイリスト。30代半ば。東急東横線沿線の「自由が丘」の広めのアパートに住んでいる。スタイリストは荷物が多いため、広い部屋に住まなくてはならないのだという。

仕事で出かける先は、主にテレビ局なので、どうしても六本木や汐留などの都心になる。電車に乗るよりもタクシーを使うことが多いという彼女は、交通費を考えてもリーズナブルな場所であれば、都心に住みたいと思い続けている。自由が丘は、ファッション関係の仕事をするには適しているかもしれないが、都心からは離れ過ぎている。皇居を中心とする半径で言えば10キロ圏よりも外である。彼女が引っ越したいと思う先は、もっと広くて都心に近い場所。もちろん、それを実現しようとなると家賃はかなり高くなる。

彼女が口にした引っ越し先の候補は、西武池袋線の沿線付近だった。ステイタスの高い東急東横線に比べて西武線沿線なら家賃は下がる。だが、住む場所を考える上での「西側郊外」という「西高東低」の意識がしっかり刻み込まれているのだ。

逆にこちらから東京東側が安くて便利でいいよと提案したところで、あまりいい顔はしない。Jさんは、ほぼ東京東側に足を踏み入れたことがないという。ただ、印象で東側は嫌と言っているに過ぎないのだ。

彼女におすすめすべき街は、例えば錦糸町である。皇居から新宿はちょうど5キロ。皇居を挟んで逆に東側へ5キロ行くと錦糸町といった辺りになる。都心までの距離でいえば、自由が丘の半分。2003年に半蔵門線が延伸し、錦糸町から大手町までは乗り換えなしの12分。都心からのタクシー代でいえば、自由が丘の半額である。それでいて家賃相場は、錦糸町の方が少し安い。1LDKのマンション相場で比較をすると、錦糸町は13・73万円。自由が丘は15・41万円（どちらもHOME'Sサイト、2016年3月18日）である。

自由が丘と錦糸町。確かに旧来の街自体のステイタスでいうと大きな隔たりがある。街の雰囲気も正反対だし、治安上の不安もポイントにすると、必ずしも錦糸町の圧勝というわけにはいかない。

Jさんのように、「西高東低」の呪縛にいまだ囚われている人たちもまだ少なくない。東側の家賃相場はまだまだ総じて安く「西高東低」は、崩れ去ってはいないのも事実だ。

程度のいい小学校の学区を狙って街を選ぶ

独身世帯や夫婦世帯であれば、都心の便利なところ、それこそ飲食店のレベルの高さを考えて住むところを選べばいい。だが、子育て世帯となると、途端にその選び方が変わるのだという。

【Kさん】40歳女性　人材派遣コンサルタント　文京区春日在住

Kさんは、人材派遣の仕事をしている、4歳の女児の母親である。娘は「保活」の末、ようやく文京区立の保育所に通わせられるようになった。

子育てに関しては熱心な親が多く、情報交換も活発だ。文京区に住むようになったのは、子どもが生まれる前のことだが、子育てを始めてむしろこの街に住んでいて正解と強く思うようになったという。

Kさんは、小学校受験は考えていない。このまま区立に進ませようと考えている。文京区の場合、区立の小学校のレベルが高いのだ。ただし、同じ区立でも、有名私立中学への進学率は、学校によって差がある。どこの学区がいいかといった情報は、ママ友たちの間でも関心が強いテーマだ。

程度の高い小学校を狙っての移住も少なくないし、近隣の区からの学校目的の流入も増えているという。

子持ち世帯となると、通学のために通る場所が安全かどうかにも気にするポイントだ。その面でも、文京区は心配ない。また、所得や職業などで、似た傾向の階層が集まっているというのも安心できる要素。親同士でランチを食べたりする歳に、安い店を選ぶような気の遣い方もしなくていい。

文京区は、ママたちの年齢が高めである。働いてから子育てをする人たちが多いのだ。比較的遅くに子どもを生んだKさんにとっては、自分と同世代のママが多い地域のほうが気楽だったようだ。逆に、江戸川区や江東区だと、ママが若くなるのだという。

東京での暮らしと関連するキーワード

「郊外」「マイホーム」「都心回帰」「長距離通勤・通学」「定年移住」「脱東京」「帰農」「地方移住」「遠隔地ワーク」「別荘地移住」「タワーマンション」「西高東低」「グリーン車通勤」「コミュニティー」「東京東側への回帰」「近接性の高い生活」「根付いた暮らし」「沿線ステイタス」。

本書の第2章で説明してきたようなキーワードを、実際の引っ越しの事例を取り上げることで再度振り返ってきた。

当然ではあるが、人によって都心志向と地方志向で明白な違いをもっており、また東側志向と西側志向といった都市内でも趣向の違いがあることがわかる。「住めば都」とはいうものの、どういう場所に住むか、その選択は、まったく交換不可能なものでもあるのだ。

地方移住の成功ケースの共通点は、鎌倉にせよ伊豆高原にせよ、そこに移住者コミュニティーが存在していたことが大きいだろう。それがない地方の移住であれば、その難易度は上がる。帰農の多くの失敗例は、地元に外部からの移住者に対しての理解がないというケースが多い。我が両親のケースは、農業の経験もないのに初めから人里とはいえないような場所でそれを始めてしまったことにある。

一方、都心に越してくるパターンの中には、タワーマンションのケースや港区、中央区など、いまどきの「都心回帰」、そして「職住近接」などの傾向も見えてくる。これは、いまどきの流れを裏付けるものでもある。

次の章では、人口集中と人口分散が繰り返されてきた戦後の日本の変遷を振り返りながら、それが日本人の住む場所の思想にいかに影響を与えてきたかに触れていきたい。

第4章　なぜ東京一極集中は進むのか

4-1　東京内一極集中という現象

東京のなかの「都市」は一部だけ

東京一極集中が進んでいる。

そういう話をよく耳にするようになっているが、東京への人口集中は、何も最近になって始まったものではない。戦後はほぼ一貫して、東京への人口集中が続いているともいえる。とはいえ、いま起こっている都市集中、東京一極集中は、これまで起こっていたものとは違った特徴をもった現象である。

これまでと、どこがどう違うのか。まずは、かつてのような3大都市圏に人口が集まる状況は終わり、東京圏だけに人口が集まるようになっている。

総務省が2016年1月29日に公表した2015年の住民基本台帳人口移動報告による

と、東京圏（埼玉、千葉、東京、神奈川）への「転入超過」は、11万9357人、前年に比べても9949人増加し、「転入超過」の傾向が20年続いている。しかも転入超過の数は5年にわたって拡大し、東京一極集中は、加速度的な現象であることも明らかだ。その一方、名古屋圏は1090人の転出超過で3年連続の転出超過、また大阪圏は9354人の転出超過で、こちらも3年連続の転出超過となっている。三大都市圏の中でも転入超過が続いているのは東京圏だけになっているのだ。

そしてもう1つ。いま起きている人口集中は、東京圏への人口集中であるだけでなく、東京の中心部への集中なのだ。

国勢調査による2010〜15年の間の人口増も個別に見ると、東京都の人口増は、35万4000人増、神奈川県は7万9000人増、埼玉県は6万7000人、千葉県は、8000人増である。日本全体の人口が減少段階に入っているにもかかわらず、首都圏は全体的に増えてはいる。だが、個別に見てみると東京に頭ひとつ抜けた人口増が起きている。つまり、現状の人口集中は、東京への集中と見るべきだろう。

さらに東京の中を個別に見ると、東京都の中でも人口は一様に増えているわけではないことがわかる。東京の中心部である23区内だけを見ても、人口の増減にはばらつきがある。

1章でも述べたが、23区の中で人口増加率（平成27年1月現在の「東京都の人口（推計）」）が高いのは、千代田区の5・1パーセント、中央区の3・9パーセント、港区の2・4パーセントと、中心に位置する3区である。つまり、東京一極集中の内訳を見てみると、東京内での中心部への一極集中が進んでいることがわかる。

東京の周辺部はすでに人口減少段階に入りつつあるが、中心部はまだまだ人口増が予測されている。東京都の人口も、2020年をピークに、人口減少に突入するということが予測されているが、それを中心部3区（千代田、中央、港）で区切れば、これらの区は2030年までは、人口増が予測されている。

東京一極集中は、実のところは東京内一極集中なのだ。

地方移住ブームの真実

現実として東京への人口集中が進んではいるが、メディアやテレビなどで流行っているのはむしろ地方移住のほうではないだろうか。オシャレ系雑誌でもクリエイターや建築家が地方で華麗に田舎暮らしを始めているという記事や特集をよく見かける。地方移住専門雑誌も創刊されている。

例えば、テレビ番組や雑誌などで取り上げられる「地方移住」の多くは、「脱都会」「夢の田舎暮らし」といったタイプの地方移住である。就農、伝統工芸の後継、建築家が自分で設計した家を建てて移住する、デザイナーやクリエイターの移住。有名ブロガーの地方移住という例もある。こんな具合に、地方移住はブームになっているように見えるが、実態はどうなっているか。

Iターン、Uターンなどによる「ふるさと暮らし」の支援を行っているNPO法人ふるさと回帰支援センターには、20〜40代の若い世代を中心とした「移住」の相談が近年急増中だという。地方移住への注目は、間違いなく高まっているのだ。同じNPOが発表する移住希望先のアンケート調査では、毎年長野、山梨、岡山といった自然の魅力に溢れた県が上位にランキングされている。自然の中で暮らすというのは、多くの日本人が持つ「移住」の理想像、願望なのだ。だが、こうした「脱都市」「脱東京」は実際に数字として表すとどのようなものになるだろう。

毎日新聞とNHK、明治大学地域ガバナンス論研究室の小田切徳美教授による共同調査グループは、東京都、大阪府以外の地域が行った「移住相談の窓口や中古住宅を活用する『空き家バンク』などの支援策」の利用者、そして「住民票提出時の意識調査で移住目的とした人のうち、別の都道府県から移り住んだ人数」について各市町村にたずねるという手法をもって、「地方移住」の政策による人口移動の実態を調査した。その結果、09年度に2864人だった「地方移住者」は、4年間後の2013年には8181人に、さらに翌年には、1万1735人と、5年の間に4倍以上増えている。地方移住者の増加の傾向も確かに目に見えるものとして表れている。もちろん、この調査ではすくい切れていない地方移住の数字もあるだろう。

ちなみに、2015年の東京都からの転出数は約37万人。転入数がその数を超える46万人。さすがに転入数が上回っているから、一極集中という現実があるわけだ。

地方移住者増加の数字は、東京への転入数と比べると、ごくわずかだ。地方移住ブームは、傾向としては増えているが、実数的には見えてくるようなレベルにはない。それがブームのように見えているのは、メディアが大きくこれを取り上げているからだ。

これは、地方移住のPRマネーがメディアを潤しているという現状を意味している。人口減少に陥る地方自治体は、こぞって移住者への住宅支援、子育て世代への現金支給という形の援助政策の導入を始めている。つまりは、近い未来の破綻を突きつけられた地方自治体が、現ナマをぶらさげてのなりふりかまわぬ若い世代の誘致競争を始めているのだ。

その広報の予算が広告やメディアなどに流れてきている。これらの願望を煽ることと、実際に起こっていることの間には、大きな乖離がある。東京一極集中の傾向が、逆に振れるというようなことは現実的なものではないのである。

生まれた場所を離れられる人とそうでない人

東京中心部への一極集中が起こるのは、人々がそこに引っ越すからである。生まれた場所、自分が育った場所から移動できる人と移動できない人の間に所得格差が開きつつある。都市社会学者のリチャード・フロリダは、『クリエイティブ都市論』の中で、社会的な階層の移動と地理的流動性は、密接にかかわるのだという指摘を行っている。自分が育った場所を離れられない人の方が多いし、仕事や家族を無視して人は勝手に移動できるわけではない。生まれ育った地元からの「引っ越し」を選ぶことは、こうしたつながりから距離を取ることでもある。密接な人々との距離感に幸せを感じる人であれば、生まれ育った場所を選ぶべきだ。だが、それとは違ったもの、例えば職業の幅広い選択肢であったり、他者との出会いの機会であったり、生活の質であったりというものを求めるのであれば、それを得るにふさわしい場所、つまりは大都市への移住が必要になるかもしれない。

それを踏まえた上でフロリダが指摘するのは、「移動する能力の有無によって人生の可能性が大きく左右される」時代が到来しているということだ。

実際にどういう「可能性」が「左右される」というのか。それに明確に答えているのは、『年収は「住むところ」で決まる』の著者である経済学者のエンリコ・モレッティである。

これまでの常識として、収入の格差は、職業選択、それにつながる教育レベルの格差から生まれると信じられてきた。有名大学を卒業して金融業界で働く人たちは、高い給与と高いレベルの生活を手に入れることができる。一方、高度な専門知識や技術を持たない労働者は、低い給与と低いレベルの生活を余儀なくされるという話である。

だが、モレッティはそうではない時代が訪れていると考えている。「今日の先進国では、社会階層以上に居住地による格差のほうが大きくなっている」というのだ。つまり、個人の技能よりも住む場所のほうが重要になりつつあると。つまり、人は職業は何であれ、うまくいっている都市に移住すれば経済的恩恵を被ることができるというのだ。

引っ越しが人生の成功の秘訣だと言われたところで、まずは勤め先が決まらなければ、引っ越しなんかできるはずはないという現実に突き当たる。住んでもいない場所で仕事を探すなんて、普通はかなりハードルが高い。

だが、フロリダによるとそれは言い訳に過ぎないと言うことになる。実際のところアメリカ人の転居の理由として「仕事」、つまり「就職または転職」を挙げるのは6人に1人以下なのだという。どういうことかというと、アメリカ人は自発的に移動を行い、あとから仕事を見つけているのだという（『クリエイティブ都市論』）。仕事よりも住む場所が優先なのである。

引っ越し嫌いの日本人

モレッティやフロリダが掲げている主張は、「都市間格差」が広がる時代に、いかに住む場所を選ぶかが重要になっているということだ。こうしたアメリカで起きている変化と同じようなことが、おそらく日本でも起きていくだろう。

ただし一つ問題はある。それは、そもそも日本人は引っ越しが大嫌いということである。まえがきでも少し述べたが、1人の人が人生の間で引っ越しをする回数のことを「生涯移動回数」と呼ぶ。これは、時代によって変わるし、今の現役世代が人生の間で何回転居をするかなど、本当のところはわかりやしない。ただし、それをある程度は予測することができる。それを数値化したのが「生涯移動回数」である。日本人の生涯移動回数は、平均で4回と5回の間ということになる。都市化が進んだ他の先進国の移動事情に比べると、驚くほど少ない数字である。アメリカ人であれば、この4倍くらいの数字になる。土地に根付いた暮らしが性に合っているのか、または住宅へのこだわりが強いのか。理由はともかく、日本人は、移住しない民族なのだ。

「マイルドヤンキー」に端的に表れているように、「地元志向」の都会でなくてもいいという価値観が広がっているとも言われる。でも実際には、大都市にばかり産業が集中し、地方では満足な収入が得られる職が足りていないのが現状だ。

さらに、これからは移動を余儀なくされる時代が来る。人口減少時代が進むことで明らかなこと、それは不動産価格の変化である。人口が減れば、住宅への需要はこれまでどおりには維持されなくなる。需要が維持できなくなれば、価格が下がる。だがややこしいことに、すべての土地の需要が下がるわけではない。別の論理が働いており、価値のある土地、単純に都心部の価格は上がる。

土地があれば安心。それを貸すだけで生きていける時代もあったが、それはすでに崩壊しつつある。その中で、いかに柔軟な考えをもって、土地を離れることができるか。住む場所を変えることができるかは、これからの日本人にとって大きな意味を持つ能力ということになってくるのだ。

イデオロギーとしてみる「集中」「分散」

さて、「地方に移住したい派」なのか、「都会で暮らしたい派」なのか。これは、個人のライフスタイル、趣味、価値観を巡る問題である。しかし、それを都市部への人口集中をよしとするか、人口を地方に分散すべきかという議論になると、途端にこれは日本のこれからの国土政策という政治的な論点として浮かび上がってくる。

実は、移住派か都心派という2択は、「分散」と「集中」という国土政策の問題となり、日本人を二分するイデオロギーとして見ることもできるのだ。

その意味では、日本の戦後の国土政策は、一貫して「地域格差」を減らすために、大都市部で発展した産業による経済成長で生まれた富を地方の発展のために回すという方針を貫いてきた。農業社会から工業・商業・サービス業へと産業が発展の段階を踏むごとに、人口は都市へと移転してきたが、基本的にその政策方針は変わらなかった。

おそらく、稲作の国として農業をすべての中心においてきたという歴史をもつこの国で暮らす我々は、都市での生活にうしろめたさを感じているのだ。

2014年10月に内閣府が発表した「人口、経済社会等の日本の将来像に関する世論調査」においても、48・3パーセントと半数近くが、東京一極集中を「望ましくない」と感じているという事実も、まさに「集中」への反発の多さを感じる結果である。

しかし、現代において、高い生産性の向上が期待できる産業は、サービス業や高付加価値の製造業など都市で行われる分野に集中している。これまでどおり、「地域格差の是正」という名の下の、地方へのばらまきを手とする分散原理の国でいるのか、それとも「経済成長」が見込める集中原理の国にするのか。イデオロギーとは、そういうことである。

だがその前に、なぜいま大都市への人口集中が進んでいるのか、その理由を知っておくべきだろう。東京一極集中、また、東京の中でも都心部への一極集中は、さまざまな理由の元に起きている現象だ。例えば、都心部の自然環境の改善や交通状況の改善などいろいろ理由は考えられる。だが、国内だけを見た場合、東京一極集中の背景には、大きくは二つの理由が存在する。「規制緩和」と「経済復調」である。

4-2 人口集中と規制緩和

「国土の均衡ある発展」という政策方針の廃止

戦後を一貫する「都市集中」ではなく、現在の都心中心部への人口集中が始まったのは、2000年代半ば以降のことに過ぎない。

2000年代前半、この国は国土政策における大きな転換を行った。そこで、戦後から2000年代に至るまでずっと貫かれてきた「国土の均衡ある発展」という国策を放棄したのだ。このことは、あまり広く知られてはいない。筆者も最近まで知らずにいたことである。

「国土の均衡ある発展」のビジョンとは、都市部と農村部がともに発展するというものである。逆に言えば、都市に人口や産業を集積させないこと、もっと言えば、経済成長する都市部の恩恵を地方に分散させるというのが、この「国土の均衡ある発展」という国策の趣旨である。

日本では、戦後常に「都市集中」「地域格差の拡大」が問題とされ、その是正としての地方分散政策や遷都論などが論じられてきた。

「集積」「集中」をさせない法整備とは、例えば「工場（等）制限法」である。1959年、つまり、高度経済成長期が始まったばかりの時期において、この法は「大都市圏における人口過密化を是正し、経済成長の恩恵を全国に平等に配分すること」を目的にしていた。またこの法規制は、大学のキャンパスなどの新設をも制限していた。2002年の法の廃止以降、かつて郊外に移転した大学が、キャンパスを次々と都心に戻し始めている。大学の都心回帰も、こうした規制緩和に伴うものなのだ。

低成長時代に入ってから施行された「工場再配置促進法」も、本来、都市部で発展するはずの工場に、補助金の支給や優遇金利による融資を行い、地方に移転させようという趣旨の法規制で、「工場（等）制限法」に遅れて2006年に廃止された。

これらは産業の集積にかかわる規制緩和だが、住宅に関しての都心集中に対する規制緩和はもう少し前から進んでいた。都心部にタワーマンションが建つようになったのは、1

997年の「高層住居誘導地区」の成立による、容積率、日影規制の緩和が大きい。現在の人口の都心回帰の受け皿としてのタワーマンションの話は、またのちに触れる。

バブルの都市政策の失敗と郊外化

一方、都心部の集中を嫌ったかつての方針を「都心集中」に切り替えた理由の一つに、バブル経済期の都市政策失敗への反省があった。

経済状態がいい時期には、都市部での雇用が大量に発生し、人は都市に集まってくる。当然、オフィスと住宅の需要も高まる。だが、当時の都市集中規制がオフィスと住宅の供給の妨げとなった。東京では、都心部の土地は投機の対象となり、土地価格が異常なまでに高騰したのだ。

たとえ土地が高騰したとしても、その土地が事業や商業のために有効に活用されていれば問題はない。だが、当時の安すぎる土地保有税が「土地活用」の邪魔をした。バブル時代、都心の土地は、保有しているだけで価値が上がっていった。そうなると適切なインセンティブが働かず、保有者は有効に活用するよりも転売のために土地を休眠状態においたのだ。こうした状況を生んだのは、床面積を増やす容積率の規制及び、安い土地保有税である。オフィスのための土地（床）を適切に供給することで地価の急騰を抑え、土地保有税を高くすることで、「土地活用」のインセンティブを高めることができれば、こうした事態は避けられたのだ。

バブル時代には、富裕層は富裕層であることを維持するために、どんどん都心の土地を購入していくことになった。そして、都心のドーナツ化が進み、さらには都市文化の衰退という悪しき状況を生み出していったのだ。

また、都心のオフィス・住居の供給と郊外化は、トレードオフの関係にある。都心が「床不足」になれば、会社と人は郊外に移る。当時の東京では、都心の人口が減り、郊外の人口が伸びた。郊外化が都市経済、都市文化にとってマイナスでしかないことは近年は常識になっている。全米で一番住みたい街と言われているポートランドの魅力は、「都市成長境界線」によって保たれたことで生まれている。

こうした反省を踏まえ、土地保有税を引き上げ、都心集中を規制する方針の撤回がバブル後に行われたのだ。

逆に、都心への人口集中が進む昨今は、郊外型ビジネスモデルにとっては逆風の時代になりつつある。主には、１９９０年代以降に急成長した家電量販店やファミリーレストラン、ファストフード産業は、ここ数年で郊外店舗を縮小し、都心型店舗を重視する展開に切り替えている。郊外化時代のビジネスモデルは、都市集中の時代になって転機を迎えつつある。

湾岸のタワーマンションと郊外化はトレードオフ

現在の都心への人口集中の受け皿になっているのは、湾岸のタワーマンションだ。

東京の湾岸にタワーマンションが急速に増えたのは、2000年以降のことだ。まずは、規制緩和の一環として「高層住居誘導地区」が成立したのが1997年。容積率の上限が600％となり、日影規制が適用除外されたことにより、超高層住宅の建築が可能になった。そのタワーマンションは、順調に供給数を伸ばし、2006年には、全供給戸数に占めるシェアは、19・3パーセントにまで伸びた。いったんは、ライブドア・ショック、リーマン・ショックといった株価などへの影響を与えた経済ショックの余波で販売不振期、さらには東日本大震災の打撃による湾岸地域への不安視を背景とした買い控えの時期を迎えはしたが、2012年以降は再び供給数は増加の傾向に向かった。

2014年の消費増税後の個人消費の低迷、または昨今の建築ラッシュに伴う建材費、人件費の急騰を背景として、価格上昇したにもかかわらず、タワーマンションの売れ行きの好調ぶりは目を見張るものがある。

ただし、タワーマンションは、なにかと批判に晒されることも多い。都市の光景の急激な変化への批判もあれば、湾岸という立地や将来の資産価値といった未知の領分への不安もある。一方で、分譲と賃貸が棟やフロアで可視化されることや居住者同士にコミュニティとしての一体感・連帯感が生まれにくいという危惧が話題になることもある。中には、「そんな場所に人が住むなんて」といった感情レベルの悪口も聞こえてくる。

経済学者の藻谷浩介は、人口が急増する豊洲のタワーマンション群を、高齢化が進む高島平団地と比較し、「湾岸地区にあこがれる人は多いですが、都心の人気エリアも住民の加齢とともに田舎の山村と同じ問題に直面する」と将来的な過疎化の危惧を指摘している。

さすがに、タワーマンションの過疎化はあり得ない。ニュータウンが過疎化する理由は、その場所が郊外だからであって都心のタワーマンションとは条件が違いすぎる。この批判は無理矢理なものに見える。

こうした不評はともかくとして、極めて都心に近い場所に大量の住宅供給が行われているために東京の地価高騰が抑えられているのは、タワーマンションの功績だろう。サンフランシスコ、ニューヨーク、香港などの一極集中が進む大都市の中心部は、激しい地価高騰にさらされている。世界一の家賃高騰で知られるのはサンフランシスコだ。ここは、既存住民を家賃高騰から守るための家賃の上昇率の規制が敷かれ、さらには高層ビルの建築規制が厳しいエリアが存在する。これらの規制が、地価高騰をさらに加速化させているのだ。それに比べると、東京の都市政策はうまくいっている。

都市集積は政治的にも嫌われる

戦後の日本を作りあげた国土政策が「国土の均衡ある発展」だったとするなら、戦後の日本を作った都市政策もまた、集中よりも分散に偏ってきたと言えるだろう。都心の「分散」の中心となる政策は、1950年代末に策定され、1970年代以降に実体化していく「副都心計画」である。

戦前から戦後にかけての新宿、渋谷、池袋は、皇居や東京駅といった東京の中心部から、半径5キロに分散している郊外の商業集積地でしかなかった。

1960年に決定した「新宿副都心計画事業」では、「建築物の高層化、集団化の実現を図る」という高層ビル街化の構想が具体的に示された。新宿が東京でももっとも集積度の高いビジネス街に生まれ変わるのは、超高層ビル街が形成される1970年代後半以降のこと。

東京は、都心からではなく、その周縁の地域に分散しながら発展を遂げていくことになる。こうした分散型の都市の発展が、現在の東京でのライフスタイルにも大きな影響を与えている。それは、次の章で詳しく触れる。

ここでは、なぜこうした「分散」を志向した都市政策が日本で好まれるのかについて触れておこう。経済学者の増田悦佐は、『都心回帰の経済学』(八田達夫編)の第2章の論文「〝均衡ある発展〞が歪めた日本経済」の中で、「都市計画を担当する行政官や法律家のなかには、都心への集中は過密を招くから望ましくないという都市ビジョンを持っている人々が少なくない」と指摘する。実際に、地方に地盤を持つ政治家にとって、いかに中央の予算から多くを地元に持ち帰ることができるかが政治家として有能かそうでないかをわける評価の基準になる。補助金で高速道路を引いた、新幹線を通した、空港をつくらせた。こうした成果を地元は評価する。少なくともかつての政治はそういうものだった。

こうした地元に利益をもたらすというインセンティブから「分散」は、政治家のイデオロギーとしては人気を集めるが、本来の経済成長を生む政策である「集中」は政治家の主張としては選ばれにくいということになる。

では、都市部の利益を誘導する政治家が、「集中」のメリットを説くかというと、それもまた難しい。「一区現象」と呼ばれるが、選挙区において一区となる都市部においては、自民党のベテラン政治家でも、革新勢力に苦戦、または負けることがある。浮動票の割合が多い都市部の選挙は、地方のそれよりもその時期の話題の政治イシューに流されやすいからだ。逆に、都市部では地方ほど個々の選挙民の利益が政治によって決定しない。利益誘導型の政治は、都市には向かないのだ。

いわゆる一票の格差を巡る問題も、地方と都市の政治への温度差から生まれている。人口が減り続ける地方において、政治家の割り当ては本来減らしていくべきなのだ。それが維持されるということは、都市部に住む選挙民の利益を守る政治が行われていないということだ。だが、やはり都市部からは、そこまで切実な問題としては批判の声が上がってこない。

こうした理由もあり、政治問題として、「都市一極集中」は不人気なのだ。

4－3　景気上昇と人口集中

高度経済成長期の人口移動

東京の中心部への人口集中が加速度を増している理由は、規制緩和だけではない。その背景としての日本経済の復調も重要な要素である。

景気がいい時代に都市部に雇用が生まれ、人は都市に集まってくる。景気と人口移動が連動するというのは、経済の常識である。雇用が都市部で増え、そこに労働者が集まってくる。好況期に人口集中が進み、不況期にはそれが止まる。戦後を振り返ると、まさにそれは人口の集中期と拡散期とが繰り返す歴史が見えてくるのだ。

日本で戦後人口が都市に集中したのは、高度経済成長期、バブル経済、そして現在とやはり経済の状況がよい時期である。ただし、都市政策は常に失敗してきた。

戦後最も激しい都市部への人口流入の時期は、高度経済成長の時代だった。

1960年代には、農村部の人口が大量に都市部へ流入し、都市人口が人口の過半数を超えた時代である。政策転換として1961年に施行された農業基本法は、農業の近代化を進め、農家の生産性を高めるという意図のものだが、労働力の大幅削減は、農村の労働人口の都市部への流入を加速させることとなる。

一方で、高度経済成長期の人口移動は、単に好景気だったから都市部へ人口が流れたわけではない。農業にせよ漁業にせよ、第一次産業が主流である社会では、都市集積ではなく、ある程度分散した集落を形成するが、製造業が主流になると人は工場の労働力として都市部へ人口移動を始める。こうした人口移動は、例えばアメリカでは20世紀初頭に見られた南部から北部の都市部への大量の人口移動という形で起きている。

産業の段階変化による都市への人口移動は、日本では工業化が進んだ大正期に始まったが、本格的には戦後の高度経済成長期に起こったのだ。

ただし、この時の都市政策は、すでに郊外へ向かう住宅開発で、人口を都市部に集中させない「国土の均衡ある発展」の方針の下にあった。

高度経済成長時代の東京圏への人口集中は、いったんは都市部での商店などへの「住み込み」や下宿、工場などの寮、単身者向けの木造アパートなどといった形で受け止められたが、家族という単位で見れば、1955年の日本住宅公団の設立を機に増えていく集合住宅＝団地、ニュータウンなどが建てられた郊外へ移り住んでいった。

その意味では、当時の急速に増える都市人口の受け皿は、郊外に次々と誕生していたニュータウンや団地だった。それは、都心部の大規模な住宅供給を行わず、人口は郊外に拡散したということを意味している。

田中角栄の登場で歯止めがかかった日本経済

高度経済成長の人口大移動が収束したのは、低成長の時代に移行する1970年代初頭のこと。当時、首相として政治のトップに登場した田中角栄は、強烈な人口分散を自分のイデオロギーとして打ち出した政治家であり、「国土の均衡ある発展」を最も体現した存在だった。この時代から本格的な地方への人口と産業の分散、そして地方へのばらまき政治が始まっている。

角栄が生み出した政策とは、財政出動・公共事業を使って地方で巨大なインフラ整備を行い、その建築の雇用を生み、さらには地方で産業を育てようというものだった。また国民の預金が特殊法人を通して地方の施設建設に使われる財政投融資の仕組みは、都市の発展で生まれた富が地方に回されるという日本の国土政策をさらに強固なものにしていく。

こうした政策は、低成長期に財政出動を行うという意味においては、イギリスの経済学者ケインズが提唱した不況対策として正しい対処を行なったという見方も可能である。だが一方で、本来は都市部で起こるはずの産業転換、サービス業を中心とした第三次産業の発展を失速させ、縮小していくはずの旧型産業の保護に努めた角栄の政策は、本来起こるべき経済成長を押しとどめる性質の方が強かった。

経済学者の増田悦佐は、既出の『都心回帰の経済学』の中で、「経済合理性に任せておけば自然に大都市圏に集中していたはずの人と経済資源を人為的に地方に押しとどめようとする政策」が、「国土の均衡ある発展」という政策方針の正体であると指摘する。

バブル時代の上京と郊外への分散

高度成長が終わり、低成長の時代と呼ばれる1970年代は、一方では「地方の時代」と呼ばれた時代でもあった。そしてこれは、都市部の産業で生まれた余力を地方に公共事業という形で分散する時代でもあった。

こうした地方に産業も人も定着する仕組みが強く働いていた時代から、再び人口が大都市部に向かうきっかけは、やはり経済好況である。具体的には1980年代半ば以降のバブル経済の時期である。

バブル期は東京圏への人口集中が進んだ時期だが、すでに触れたように都心部では過剰な地価高騰が発生したため、多くの流入者たちは都市郊外へと拡散し、都心部への集積は起こらなかった。当時の土地高騰によって生活の場を郊外へと移さざるを得なかったのは、子育て期に入り、広い住む場所を必要とした核家族世帯である。

こうした家族の郊外への移動は、都心部のドーナツ化を生み、都市経済、都市文化にマイナスの影響を与えることになる。

このバブルが崩壊した後しばらくは、戦後唯一、東京の人口が地方に流出した時期だ。好況期には都市への人口集中が自然発生するが、不況期に人はむしろ都市から逃げ出すのだ。1993年からの4年間は、東京圏への転入を転出が超過している（住民基本台帳人口移動報告）。

再度都市部への人口流入が明確なものとなるのは、2000年代。庶民には得られる実感の薄かった好景気とされているが、2002〜08年のいざなみ景気は、戦後最長の好況である。ちょうど、東京中心への人口集中が始まった時期と重なっているのだ。

「地方創生」で示される「均衡ある発展」

ちなみに、金融緩和と財政出動を掲げる「アベノミクス」を打ち出し経済成長を主眼とする第二次安倍政権は、自由市場での経済発展を進めていく経済方針で、基本的には「都市集中」による都市産業の成長を高めていく路線を敷いているように見えた。つまり、2000年代前半以降の「都市集中」路線を継続していたのが第二次安倍政権だったように思えたのだが、それは「地方創生」を政策の中心として構えた辺りから雲行きが怪しくなってきた。

地方創生において、明確に東京圏への流入を減らし、地方移住を増やすという、つまりは「拡散」の方針が明確に打ち出されている。「地方創生」が打ち出す基本目標は、「2020年までに、東京圏から地方への転出を4万人増加」「2020年までに、地方から東京圏への転入を6万人減少」させることだという。

その目標が打ち出される前提となるのが、「国土交通省国土政策局」が示す「国土のグランドデザイン2050」の関連資料「首都圏への人口集中・欧米諸国との比較」である。

これによると、総人口における首都圏人口の比率が、欧州先進国、アメリカなどが軒並み20パーセント以下であるにもかかわらず、日本だけが30パーセントに近づいているという。日本の都市集積度が高いのか低いのかを判別するのは難しい。国連統計局の「都市化率」で示される、日本の都市化率66パーセント（2005年時点）という数字は、80パーセントに近いアメリカや約70パーセントのヨーロッパに比べると低い。さらに、日本の都市化率の上昇は、1990年代以降、鈍化してすらいる。

これをどう解釈するかはさておく。ただ1つ言えるのは、再びこの国は「国土の均衡ある発展」の国土政策に戻っているということである。

この「地方創生」の方針が強く進められるきっかけとなったのが、政策シンクタンクである日本創生会議が打ち出した「増田レポート」である。これは、統計データを元に人口減少を調査し、多くの地方自治体の消滅可能性を示すというもので、その衝撃は社会現象ともなった。このレポートを元に書かれた増田寛也の『地方消滅』はベストセラーにもなった。

ここでは「東京は人口のブラックホール」であるという指摘が行われる。東京は、地方からの人口を吸い上げながら、次世代の再生産が行われない。つまり合計特殊出生率の低い東京への集中が「人口減少」の原因であるという議論である。

人口統計のデータを元に示された本書は、日本の近未来を正しく示したものといえる。ただしその提言の中身をよく読めば「拡散」を志向しているわけではなく「多極」「集中」を打ち出していることがわかる。増田レポートが推奨する将来の日本増は、県庁所在地クラスの都市にその周囲の人口を集積させ、東京への人口流出に歯止めをかけることで、人口減少を鈍化させることができるという提案なのである。

ただし、今起こっている現実は、すべての自治体が生き延びようというベクトルへの舵取りである。

ただし、今起こっている現実は、すべての自治体が生き延びようというベクトルへの舵取りである。つまりは、再び「地方への人口分散」が標榜されつつあるのだ。

こうした方向転換の中で、おもしろいことに政権主導の金融緩和＝アベノミクスを積極的に支持してきた経済学者たちも、ノーを訴え始めている。

経済学者の飯田泰之、田中秀臣とジャーナリストの麻木久仁子の鼎談である『「30万人都市」が日本を救う！』の中で、飯田は「地方創生」が実質的に「ばらまき」であることを批判し、実際には「住宅供給やインフラ整備を、各県各地域に集中させる必要がある」（飯田）と指摘する。

また、「周りに人がいなくなってきていろいろ不便を感じるようになったら、近場の都市部に移動しようと思いますよね。ところが、そういったことができにくいような仕組みが、いま現にあることがやはり問題」（田中）とも指摘している。彼らも、立場としては「都市への集積」派である。彼らの総意は、東京に向かう人口を、地方の30万人規模の都市に人口を集中させることで、東京一極集中にならないようにバランスを取るというものである。

「都市への集積」を進めるべきなのか、逆に「地方への分散」をすべきなのか。

小泉純一郎の時代には、いったん都市型政党に大きく立場を変え、戦後基本的に貫いてきた「分散」の路線を捨て、「集中」に舵を切った。その自民党が、再びアベノミクスでの「集中」路線で一定の成果をなしたのちに、「地方創生」の政策を強く押し出して以降、再びかつてのように地方型、農村型政党の方向に戻りつつあるように見える。

人口減少社会に必要なのは「人口の集積」である。その結論は、「増田レポート」でも、飯田や田中、麻木の示す「30万人都市」でも、実は同じである。だが、気がつけばこの国は再び「地方への人口分散」を目指す方向に向かっている。これは本当に、政治のマジックとしか言いようがない。

第5章　人はなぜ都市に住むのか

人はなぜ他人の近くで暮らすのか

そもそも、人はなぜ都市で暮らすのだろう。

前章では、東京一極集中という現象を、国内の問題として扱ってきたが、実のところ都市への一極集中は、日本だけで起こっている現象ではない。世界中の大都市で同時進行している現象でもあるのだ。

国連統計局のレポートによると、1950年には、都市部人口が全体に占める割合は、30パーセントだった。それが、現在では、世界の人口の半数は、都市で暮らすようになった。さらに、2050年には、この数字は66パーセントに増える計算だ。世界的に見ても、人類は都市で暮らすことを選択しようとしていることがわかる。

とはいえ、考えてみれば人がわざわざ都市に住むというのはおかしな話でもある。人口密度が高い都心になればなるほど、家賃は高いし物価も高くなる。交通は混雑するし、環境的にも快適とは言えなくなる。それにもかかわらず、都市化は進んでいるのだ。

逆に、都心を離れれば家賃は安いし、物価も安いし、混雑もしない。合理的に物事を考えられる人であれば、わざわざ都心なんかに住まないのではないか。

確かに、利便性全般で見ると、都市のほうが高い。例えば、役所、商業施設、劇場や美術館、都心の公園といった都心にある施設を利用する際の利便性を考えると、都心に住むことにはメリットがある。ただし、公共交通機関が発達した都市であれば、郊外に住んでいてもこれらへのアクセスはさほど不便とは言えない。特に東京の場合、都心と郊外の家賃価格の差は大きい。相場として比較すると、都心の六本木の１ＬＤＫ23・84万円（参照HOME'Sサイト、２０１６年4月現在）、電車で約1時間の郊外の１ＬＤＫで８・82万円（右同）と、約15万円の差は、単に利便性でつり合う額以上の額のようにも思える。

一方で、都市に住むと通勤時間が短いから高い家賃を払うという考え方もある。ただし、これも時間と距離のトレードオフの話に過ぎず、誰もがそこについては合理的な納得の上で家賃と距離を計算して住む場所に折り合いを付けているはずだ。これらだけで人が都市に住む理由が説明できるとは思えない。

例えば、ニューヨークのマンハッタンに住んでいる人々は、家賃に世界一高いコストを支払っている種族である。彼らは、何のメリットを得るためにその高い家賃を支払っているのか。これは、東京の港区にしても同じことである。

第1章でも触れたが、いまの港区に移住して所得水準を引き上げている人たちは、『23

区格差』の池田利道によって「都心に暮らすという生活価値の再発見」をした人たちと分析されていた。一方、ジオマーケティングの代表・酒井嘉昭は、港区をはじめとした都心の高い家賃の場所に住もうというのは「教育や環境などといった高い家賃以上の価値を都心での生活から得られると考える人たち」であり、彼らは「ステイタスや見栄にとどまらないものをそこから得ることができる」と考えているという。

金持ちだから高い場所に住むというわけではない。だが、具体的にその「生活価値」「ステイタスや見栄にとどまらないもの」とは何か。彼らはなぜそこに住むことに合理性を感じて、いったい何にコストを支払うのだろうか。

都市に住むと人は頭が良くなる!?

都心部に住むこととは、「他人の近くにいること」である。

ノーベル経済学賞を受賞した経済学者のロバート・ルーカスに言わせると、そういうことになる。

つまり人は、知らない人がすぐ近くにたくさん暮らしているという生活を得るために、対価としての高い家賃を支払っているのである。

経済学では、人がサービスや財を消費する際に得ることのできる満足の成果のことを「効用」と呼ぶ。ルーカスを受けて、『人は意外に合理的』の著者で、やはり経済学者のティム・ハーフォードは、「他人の近くにいること」で得られる効用は「頭が良くなる」ことであると指摘する。なぜ、頭が良くなるのか。それは、人は近くにいると「お互いに学びあう」からだという。

例えば、都市部に住む人と都市以外に住む人との間には、平均賃金の差が出るというのも、世界的に見られる傾向である。『都市は人類最高の発明である』という本の中で、著者のエドワード・グレイザーは、都市に住むだけで3割増しの給与が得られると指摘する。

これを常識的に考えれば、優秀な人材が都市に集まるから都市部の生産性が高くなり、都市に住む人の年収は高くなるという捉え方ができる。一見、これは論理的だが、本当にそうであるなら企業は地方で優秀な人を掘り起こせば、わざわざ賃料の高い都心部にオフィスを構える必要はなくなるということになる。企業はなぜそれをしないのか。

ハーフォードが示す答えは違う。彼の答えは、優秀な人が都市に集まるからではなく、都市に住むと人は「頭が良くなる」から生産性が高くなるというものだ。だから、都市に住む人の平均給与が引き上げられるのだということになる。

経済学には、「外部経済」という言葉がある。

例えば、自動車はそれを移動のために使う人にとっては便利なものだが、使わない人にとってみれば、排気ガスで空気は悪くなる上に、びゅんびゅんと走り回って危険きわまりないものでもある。自動車を利用することで直接メリットを得ている人以外に、そのコストが回されてしまう状態が、「負の外部性」である。一方、これとは反対の「正の外部性」も存在する。その代表が都市である。

トフラーの都市がなくなるという予言はなぜ外れたのか

他人が勝手に暮らし、勝手に生活を営んでいる近くにいるだけで、さまざまな「恩恵」、つまりは「正の外部性」をもたらしてくれるのが都市である。具体的には、新しいビジネスにつながるようなアイデアが生まれてくる出会いなどを指している。

ハーフォードの言う「頭が良くなる」とは、つまりこうした「正の外部性」のことを指しているのだ。それ以外にも、新しい仕事に出くわす機会の増加であったり、恋に発展する出会いの増加であったりというのも「正の外部性」である。

都市の住民は、都市の運営者としてのコストを支払っているわけではないが（一部住民税のような形で支払っているにせよ）、都市に隣接した生活を送る上で、都市がもたらすメリットを受け取ることができるのである。

現代は、情報・コミュニケーションの分野のテクノロジーの進化がめざましい時代である。人と人の距離を、インターネットが埋め合わせをしてくれる時代とも言える。そんな時代に都市が発達し、逆に人と人の距離の近さ＝近接性が大事になっているというのは矛盾しているのではないだろうか。

実際に、30年以上前の未来予測では、情報テクノロジーが発展する未来は物理的な距離が無効化されるという考え方が主流だった。

日本でも人気の高い未来学者のアルビン・トフラーは、１９８０年に書いた大ベストセラー『第三の波』の中で、都市の大工場やオフィスが空っぽになるということを予言していた。しかも、トフラーは、そうした変化が、われわれの「生存中」に起こるだろうと予言したのである。

トフラーの予言はこういうものだ。将来的に交通のコストが下がり、コンピューターを通じた電子的な通信手段の発達によって、人はオフィスへ通勤することを止め、好きな場所に住むようになり、電子会議を行い、自宅で仕事をするようになると。さらに人は、どこでも仕事ができて、どこでも好きな場所に住めるようになれば、わざわざ家賃の高くて混雑した都市になど住むわけがない。そう彼は考えたのである。

人は農業に回帰し、オリジナルTシャツが流行る

実のところトフラーの未来予測は、極めて正確だった。いま、あらためて答え合わせをするように『第三の波』を読むと、彼の未来予測の精度の高さがわかる。

例えば、トフラーは「情報チップ」が「冷房装置」「自動車」「ミシン」などに仕組まれ、互いに交信して「家庭内のエネルギー消費を監視して最小限にしたり」するようになるという未来社会の到来を予言している。

これは、ここ数年で注目されているIoT、スマートグリッドの予言である。

彼は、『第三の波』の後半パートを、当時まだ執筆などにおいては、実用の段階ではなかったコンピューターを使って書いたテクノロジーマニアだが、この本が書かれた時代には、マッキントッシュどころかテレビゲーム機すら登場していなかったことを記しておく必要があるだろう。

消費者と生産者の境が曖昧となり、「プロシューマー」という存在が登場するだろうと

いう予言は、トフラーの考えた概念の中でも最も有名なものだ。これは、インターネットの予言でもある。インターネットの世界では、作り手と受け手の差がなくなりつつあり、例えば物書きなんていう職業が、半ば影響力のあるブロガーに負けつつあるような状況が生まれつつある。これは、トフラーがすでに予言済みだったのだ。

これら以外にも、トフラーの予言は驚くほど当たっている。人々が農業に回帰し、手作りのクラフトに注目したりするという話も、リーマン・ショック以降の世界の先進国の大都市で起こっていることの予言に読めるし、注文生産のTシャツが増えるなんて、どうでもいいところまで言い当てていて驚かされる。

都市の外部不経済

そんな偉大なる未来予測者であるトフラーが、都市関連の予言に関してはことごとく外してしまっているのが逆に興味深い。

「やがて何百万もの人たちが、オフィスや工場へ通勤せず、家庭で過ごす」

トフラーは、こうはっきりと記している。トフラーがこう予言した背景には、もちろん深い洞察がある。トフラーは、工業化時代に中央集権と都市化が進んだのだから、ポスト工業社会、つまりは情報などのソフト産業が中心となり、コンピューターが発達した未来には、脱中央集権化し、脱都市化が起こると予測したのだ。

トフラーは何を予測し損なったのか。

まずは、輸送コストが下がったときに起こることの予測を誤った。輸送コストが安くなることで、確かに工場や倉庫や配送センターなどは、都市を離れて地方に分散した。だが、知識集約産業の場合、その分散によるコスト削減効果は働かない。むしろ、現代のソフトウェア産業などにおいては「産業の知識集約度が高ければ高いほど、その産業は小さなエリアに集中する」のだと前出の経済学者であるハーフォードはいう。トフラーは、「工業」における産業集積の効果は把握していたが、脱工業の時代に集積がさらに重要になるとは思わなかったのだ。

さらに重要なトフラーのミスは、都市そのものの変化を読み違ったことだ。

トフラーが注視したのは都市の「負の外部性」である。

トフラーが『第三の波』を書いていたのは、世界的に先進国の大都市から人々が逃げ出していた時期に当たる。１９７０年代を通してのニューヨークの人口減少率は、10・４パーセントにも上っていた。当時はまさに、都市の「暗黒時代」（エドワード・グレイザー著

『都市は人類最高の発明である』）だった。

この当時の先進国の大都市を襲っていたのは、「渋滞」「駐車場不足」「空気汚染」「ストライキ」「運賃高騰」といった都市の「負の外部性」である。こうした都市のデメリットが大きい時代に、「遠距離通信」や「輸送」のコストが下がるという革命が起これば、人や企業は都市を逃げ出すに違いないというのが、トフラーの考えたことだった。

誰もが指摘する都市集中のデメリットは、過密がもたらす都市の混雑である。しかし、この問題は、テクノロジーの発展によって高度に解決されていくことになる。

通勤地獄、渋滞地獄は東京でいかに解消されたか

都市集中のデメリットである交通の混雑は、その後どうなったのか。

ここでは、東京の事例を見よう。

36年前に比べて、東京の人口は増加している。1980年1月の時点での東京の人口は約1163万人だったが、2016年3月には約1354万人にまで増えている。16パーセント増というとたいした数字ではないように思えるが、100万規模の政令指定都市をまるまるふたつ分飲み込んだことになると考えると、そのすごさが理解できるはずだ。

しかし、その大規模な人口増加にもかかわらず交通事情は改善されている。川島令三の著作である『最新東京圏通勤電車事情大研究』（2014年）によると理由は2つ。「各鉄道会社が混雑緩和のために輸送力を増強した」ことと「通勤時間帯が広がってピーク時に電車を利用する人が減った」ことだ。

最混雑時間帯の混雑率で見ると、1985年当時、最も高かった常磐快速線の284％という数字は、現在では178％まで改善されている。かつては混雑率200パーセントを超える路線が多数あったが、現在200パーセント以上になっている路線は、東京メトロ東西線だけである（国土交通省データ。平成26年度）。

自動車の渋滞という分野においても東京・首都圏の対策は優秀である。世界の都市が渋滞問題に悩まされている中、東京の渋滞混雑度は、5年前、10年前に比べて改善の傾向に進んでいる。山手通りの全面開通、首都高中央環状線の開通を始めとした混雑緩和をめざした道路づくりは、都市政策の成功である。また、路上駐車の取り締まり強化も渋滞回避の結果をもたらしている。

そして何より、東京では自動車保有台数が多いにもかかわらず、混雑が相対的に少ないのは、外出の際の交通手段として鉄道を利用する人の割合が多いことに由来する。細かな鉄道網の整備という、もうひとつの移動手段が用意されていることで、人は車を使わなくても都市内の移動が可能になる。東京のように複合的な交通網が整っていない北京のような都市は、どれだけナンバー別走行規制をかけようと、根本的解決にはなりようがないのだ。

交通混雑という問題が解決に向かうことで、「暗黒時代」に抱えていた都市の問題の多くは解決されていった。もうひとつの問題であった都市の水質、空気の汚染の問題も、1980年代以降に解決されていった。トフラーの想定していた都市の負の外部性は、予測以上に改善され、正の外部性は、予測以上に重要性を増したのだ。

Yahoo!で在宅勤務はなぜ禁止されたのか

さて、トフラーの未来予測で彼が外した中でもっとも重要な部分が、情報技術が発展した未来においても、在宅勤務が当たり前になっていないという部分だろう。この予測は、なぜ外れたのか。

在宅勤務、テレワークは、もちろん現代においても重要視されている。実際に、取り組みとしても、この分野の発展は望まれている。

「テレワークで日本を変えよう」というスローガンを掲げるテレワークＪＡＰＡＮは、「少子高齢化、地域の過疎化、就労機会の減少、労働力不足」などが、在宅勤務の普及によって解決されると主張する。日本テレワーク協会会長である宇治則孝は「わが国ではテレワークという新しいワークスタイル、すなわちＩＣＴを利活用した、場所や時間にとらわれない柔軟な働き方の導入活用が盛んになってきております」と言っている。

確かに社会全体としても、子育てをしながら働く機会が増えるテレワークの普及に意義があるということに対する反論は、出てきてはいない。むしろ、さまざまな企業が意欲的に導入・拡充という呼び声を挙げているのも事実だが、それが生活レベルで普及してきた実感はない。

そんな流れの中である事件が起こった。

Ｙａｈｏｏ！が、２０１３年に在宅勤務の禁止を発表したのだ。

常識的に考えれば不思議な話である。電子会議システムなど、遠隔地にいながらビジネスを進めることができる時代を切り拓くはずのＩＴ企業自らが、在宅勤務、つまりテレワークを禁止したのだ。

このＹａｈｏｏ！の在宅勤務禁止を受けた議論では、どうしても育児をしながら働く人たちの切り捨てといった方向に議論が向かいやすい。また、Ｙａｈｏｏ！はテレワークを導入すると、サボり出す人が増えるから禁止したという誤解をしている向きも多いが、Ｙａｈｏｏ！の意図はそこにはない。

Ｙａｈｏｏ！が社員に向けた説明にはこうある。

「在宅勤務により、スピードと品質が犠牲になります。私達はＹａｈｏｏ！として一つになるために顔を合わせる必要があるのです」

どれくらいこれが本音なのかはわからないが、企業が在宅勤務を避ける傾向に向かっているのは、従業員が自宅作業ではまじめに仕事に打ち込まないと考えているからではない。現代の知識集約型産業における中心的な業務は遠隔化できないということをＹａｈｏｏ！は認識しているのだ。彼らが重視するものは、人と人の距離の近さによって生まれている。だからこそ、遠隔地での個別の作業は、最小限に留める必要があることを理解しているのだ。それを理解せず、在宅勤務禁止を批判するのは議論の方向が違うと言うべきだろう。

オフィスを1カ所に置くべき理由

Ｙａｈｏｏ！の在宅勤務禁止が話題になった折に、チームラボの代表である猪子寿之は、それは当然のことという声を上げている。チームラボでも、「ノマド」「在宅勤務」は禁止である。なぜなら「ネット会議も含め、一緒に仕事をするメンバーが離れた場所にいる形態は、チームで成果を上げるには不向きだから」だという。

経済学者のハーフォードの言う「産業の知識集約度が高ければ高いほど、その産業は小さなエリアに集中する」というのは、ＩＴ企業のオフィス内、人と人の接点のレベルでも起こっていることなのだ。

Ｇｏｏｇｌｅにせよ Ｙａｈｏｏ！にせよ、日本での彼らのオフィスは、六本木（Ｙａｈｏｏ！ＪＡＰＡＮは2016年に紀尾井町に引っ越す）の極めて都心の一等地に置かれている。どちらもオフィスを見せてもらったことがあるが、広いフロアを占拠しているとはいえ、シリコンバレーのような郊外とはほど遠い都心のオフィスビルである。社員1人当たりの面積が広いということはない。むしろ、狭い場所で顔をつきあわせて仕事をしているという印象を受ける。特に、Ｇｏｏｇｌｅの会議室は狭い。Ｇｏｏｇｌｅは、会議の質と時間に哲学を持っている企業だ。より緊密な距離での緊張感のある会議を進めるために、あえて会議室を狭くしているのだろう（これもまた「近接性」の問題）。

たかだか数年前のことだが、日本のＩＴ企業の中でも、地方や海外に拠点作りを進めることが流行っていた時期がある。販売の拠点というよりは、人材集めのための拠点である。地方からの積極的な企業誘致に乗っかったものでもあった。ただし、この流れは、数年で収束しつつある。多拠点型のネットワークがもてはやされたのも一時のことであり、拠点から撤退した経営者からは、やはりオフィスは一カ所に集中したほうがいいという話が聞こえてくるようになっている。

組織としての一体感や、仲間意識。そういったものが大事であるというと身も蓋もない話に聞こえるが、彼らが大切にしているのは、フェイス・トゥ・フェイスのコミュニケーションである。電子会議では伝わらないプロジェクトメンバーとのちょっとしたコミュニケーションの機微、休憩時間やランチタイムなどで発生するちょっとした普段の会話。そうした中からも、プロジェクトの進行を左右するようなことが起こりえるのだ。

最新の都市の知識集積型産業が高い生産性を獲得している時代。それは、アイデアからしか価値が創造されてこない時代でもある。そして、そのアイデアは、人と人との接触からしか生まれてこない。

ちなみにアイデアは同じ知識、同じ言葉しか持たないもの同士がいくら顔をつきあわせても生まれるものではない。『アイデアは交差点から生まれる』の著者、フランス・ヨハンソンは「メディチ・エフェクト」を起こすことで、アイデアは生まれてくると説く。15世紀のイタリアに花開いたルネッサンスは、銀行業で繁栄したメディチ家の下に集まった、文化人や芸術家たちが、分野を超えた交流を行うことで生まれたものであるとして、「異なる専門分野や文化が相互に出会う場」からアイデアが生み出されるのだと説く。つまり、アイデアは専門性と多様性が出会う場において生まれるのだ。それもまた都市でしか起こりえないものの1つである。

IT企業がサンフランシスコに移動しつつある

フェイス・トゥ・フェイスのコミュニケーションやランチタイムでの日常会話。オフィスの中に、そういったものを求めるのであれば、その場所は、都心ではなく郊外でもいいのではないか。

だが、それも違う。ITジャーナリストの林信行は、2010年代に入ってから、IT系のベンチャーが集まる中心地が、シリコンバレーからサンフランシスコに拠点を移し始めたということを指摘している（日経産業新聞「米ベンチャーの聖地、「シリコン」から「シスコ」へ」2015年2月8日）。その代表的な存在が、ツイッター、ドロップボックス、ピンタレスト、ウーバーなどの企業である。

サンフランシスコから、Ｇｏｏｇｌｅ本社があるマウンテンビューまでは約60キロ、さらにシリコンバレーと呼ばれるエリアの最南東部のサンノゼになると、80キロ以上。アメリカ人の距離感覚での郊外と言ってもそれなりに遠い。

なぜ都心でなくてはいけないのか。林は、創造性がビジネスにとって大事になっている傾向の中で、「クリエイティブなインスピレーションにあふれた街には、優秀なデザイナーなどクリエイティブな人が集まりやすい」とＩＴベンチャーの都心回帰の理由に対する分析を行っている。

それだけではない。有力なＩＴベンチャーが、サンフランシスコに拠点を移しているのは、仕事のできるソフトウェアエンジニアたちを、もはや給料の額だけで会社につなぎ止めておけなくなっているからだ。

有名なベンチャーで働くようなソフトウェアエンジニアたちは、とてつもない給与をもらっている。それでもまだ引く手は数多《あまた》なので、転職率は極めて高い。彼らは、次々と転職を繰り返し、さらに高額の給料を得ていく。どこの企業も、彼らを引き留めておくためには、高いコストを支払わざるを得ない状況になっている。

シリコンバレーには、広大な敷地があり、社員1人1人に与えられるスペースにも余裕が生まれる。その環境の良さが人を集めているわけだが、いまではそのメリットが逆に遠いと敬遠されるようにもなってきている。

郊外の会社のデメリットは、通勤の距離だ。エンジニアたちは、便利で遊ぶ場所も多い都心部、つまりはサンフランシスコを住む場所として選ぶようになっているのだ。そして、彼らはそこから長い通勤時間をかけて、シリコンバレーに通う。中には社員向けにバスを運行させている会社もあるが、主に自動車を使って通わざるを得ない。

考えてみれば、郊外の自宅から都心のオフィスに通うというのが、従来のよくある通勤だとすると、これは郊外への逆通勤である。

ITベンチャーは家賃の高い都心部、サンフランシスコへ移転するというのは、この状況をふまえたものでもあるのだ。オフィスが都心に移動することは、働くエンジニアたちに通勤をさせないための施策なのだ。むしろ、会社が従業員の通勤にかかるコストを立て替えている。このように職住近接の状態をつくることで企業の魅力を高め、優秀なエンジニアたちを引き留めているのである。

2駅以内に住む社員への家賃補助ルール

日本では、アメリカほど極端に給与が跳ね上がっているわけではないが、やはり同様に、ソフトウェアエンジニアたちの人材の奪い合いは激しい。そして、日本でもソフトウェアエンジニアたちの間で、職住近接のライフスタイルが定着しつつある。

東京では、ITベンチャーのオフィスが、主に渋谷と六本木に集中している。その理由については、再三にわたりヒアリングを続けたが、明確な理由はいまだ探り当てられていない。筆者は、IT企業の社長へのインタビューをここ数年にわたって行っており、皆にオフィスの場所をどのような理由で選んだのかについて取材してきた。ここで挙がってくる答えは、「知人が多い」「元々この辺りで仕事をしてきた」「広いフロアが必要」などばかりで、オフィスが渋谷であること、六本木であることへの強いこだわりは伝わってこない。それどころか、都心である必要に関しても明確な理由が出てくるわけではなかった。

しかし、話を聞いている内に気がついたことがある。それは、IT企業で働く人たちは、会社と近い場所に住み、仕事とプライベートが地続きの生活を送っているという事実である。その理由には、簡単に行き着くことができた。東京に拠点を置くITベンチャーは、近くに住む社員になんらかの家賃補助制度を導入しているケースが多いのだ。

最初に、オフィスの近くに住む社員への住宅補助を制度として広めたのは、サイバーエージェントである。この成功を見て、多くの（少なくとも十数社以上）ITベンチャーが制度として導入していったのだ。

サイバーエージェントは、オフィスから2駅以内に住む社員に3万円の補助を出すという制度を、2005年頃に福利厚生の一環として導入した。この制度は「2駅ルール」と呼ばれている。

元々は、通勤のストレスを軽減しようという人事からの提案がその導入の理由である。しかし、この制度を導入したことで予想外に生まれたメリットは大きいのだという。

職住近接に再び近づいている

「2駅ルール」を導入して生まれたメリットとは、社内コミュニケーションの活発化である。職住近接の生活の中で、社員同士が仕事終わりに飲みに行く。『恵比寿会』や『三茶会』といった近所に住む者同士で仕事終わりに飲みに行く社内グループが生まれているのだ。こうした現象は、むしろ、今どきの会社からは失われつつある昭和の家族的日本企業の悪しき風習の復活のようにも思える。

だが、チームごとに個別化した業務が多く、隣の部署はなにをやっているかも知らないようなIT企業の中では、部署の垣根を越えた情報交換の場の貴重度が増している。現代の企業全般が抱える問題として、社内コミュニケーションの円滑化は重要なものになりつつある。一般に社員の離職理由でもっとも多いのは、人間関係である。それはITベンチャーであっても変わりはない。

また、エンジニアという分野においては、常に技術の最新動向を知っておくための勉強会が自発的に行われている。サイバーエージェントは、それを日常的に行える環境を整備するために、エンジニア・クリエイター職を対象にしたシェアハウスを開設している。

第1章では、下町の職住近接の生活が、戦後の郊外化とともに通勤が当たり前というライフスタイルに移行していったという話を書いた。

かつての東京東側の下町とは、工場とその近くの長屋的な居住区が近接し、さらには商店街がそれを取り巻くという性質のものだった。しかし、都市住民の中流階級化（ホワイトカラーの増加）にともなう西へ向かう郊外化の中で、ニュータウンやベッドタウンができていき、人は郊外から都心へと働きに行くようになったのだ。

労働の変化とは、ライフスタイルの変化につながる。現に、現代的な都市技能労働者たちの新しい働き方に基づくライフスタイルは、再び職住近接の形に戻りつつある。

都市産業の職業的なモチベーションの変化

渋谷、六本木に続く、新しいＩＴベンチャーの集積地として人気を集めているのが五反田である。

エンジニアたちがベンチャーとして始めたチケットの二次流通を扱うチケットストリート、モバイルサービスのモバイルファクトリー、キュレーションサービスのＵ－ＮＯＴＥなど、多くのＩＴベンチャーがこの界隈に集まりつつある（参照：「五反田界隈ＩＴ企業地図」http://takanoridayo.blog.shinobi.jp/Entry/281/）。

五反田は、東京駅からは8キロと、本書が定義する都心からは離れているが、東京の中央環状線の山手線の駅であり、新幹線が止まる品川からも近い。

この五反田にオフィスを構えるＩＴベンチャーの1つがｆｒｅｅｅである。

これを立ち上げた代表の佐々木大輔は、元々Ｇｏｏｇｌｅで働いていたが、のちに全自動「クラウド会計ソフトｆｒｅｅｅ」を開発し、２０１２年7月に会社を立ち上げた。それが、２０１６年には外部の制作者を含め２００人規模のスタッフを構える大所帯となっている。

　このｆｒｅｅｅでも会社から近い場所に住む社員への住宅補助制度を設けているが、その近さの条件は会社から2キロ以内という条件なのだという。２駅ルールに近い趣旨の制度だが、２キロだと2駅よりも近さを要求する距離でもある。

　佐々木にこの制度導入の理由を聞くと、会社の近くに住むことで生まれるゆとりや通勤での疲弊をやわらげるためのものだという。また同時に重要なのは、彼らのライフスタイルに沿った仕組みであるという部分である。

　佐々木は、「ソフトウェアエンジニアというのは、通常のサラリーマン、労働者とは少し違った人種」であるという。彼らは「やりたいことをやっている、好きだからやっている」に近いのだというのだ。そして、「テクノロジーの力で社会にインパクトを与えるということを、何よりのモチベーションにしている」のだという。

　こうしたモチベーションに基づく働き方は、遊びと仕事を特別に切り分けたりしないものになる。ｆｒｅｅｅのオフィスの見た目はカフェのようである。卓球台があり、ゲーム機も置いてある。こうした自由で遊び場のようなオフィスづくりは、ｆｒｅｅｅに限らず、

ＩＴベンチャーではよく見られる。

趣味と仕事の境目が極めて曖昧。そんな業種であるからこそ、食住が近接し、どこまでが業務でどこまでがそれ以外の行動なのかがわかりにくいエンジニア特有のライフスタイルが生まれているのだろう。

近接性の価値はなぜ高まっているのか

情報技術を扱い、遠隔地で仕事ができるような環境にある会社ほど都心にオフィスを構えている。情報テクノロジーの発達がむしろ近接性の価値を高めていることの理由をもう少し掘り下げたい。

前出の経済学者エドワード・グレイザーは、むしろ情報技術の発達が人と人の間の直接的なコンタクトの需要を生んでいるのだという。なぜなら、実際に人と人が対面して会う時間とは、「電子的なコミュニケーション時間を補うものだから」だ。つまり、ＦａｃｅｂｏｏｋやＴｗｉｔｔｅｒを通じたコミュニケーションは、人間関係の重要性を高めている。そこで深まった関係性が、リアルな現実の場で以前よりも補完されるのである。

ＦａｃｅｂｏｏｋやＬＩＮＥでの複数である話題が盛り上がると、その議題をもって、のちにディナーや飲み会の場を借りてじっくりと議論が行われる。そういう人間関係が、ソーシャルネットによって日々生み出されている。

ケータイ電話やスマホが普及することで、近い距離の価値が高まった。このことは、ビジネスの話に限ったものではない。むしろ、もっと身近な場所で起こっている話でもある。

例えば、つながりの例で言えば、かつては、小学校、中学校の友だち、大学の友だち、社会人になってからの友だちと、あとになればあとになるほど移動半径が広がり、より学力レベルや趣味でつながる機会も増えていくというのがかつての常識だった。人は、中学や高校に入ると、それ以前の友だちとは縁が薄くなっていく。

しかし、いまは逆になっていると説くのは、社会学者の土井隆義だ。

土井は、「近年の若者たちのあいだでは、地元から遠く離れた高校や大学に進学しても、あるいは就職したあとでも、小学校や中学校までの地元つながりがそのまま保たれる傾向にある」(『友だち地獄──「空気を読む」世代のサバイバル』)という。かつて、一度なくなりかけた、「地元つながり」が、電子ツールの普及と共に再び再構成されているというのだ。だが、これはかつてのような「近所づきあい」がそのまま復活してきたという話ではない。携帯メールなどの「時間と空間の制約を受けずに済む」という特性が、地元つながりを維持していく装置として機能しているからだという。

ちなみにこの傾向を土井が指摘したのは、スマホが普及する遥か前の2008年のこと。その後、スマホが普及し、誰もがコミュニケーションにおいてLINEなどの簡易なメッセージツールを使うようになり、距離の重要性が増すようになったというのは、もはや当たり前のことになりつつある。

例えば、夜中に飲んでいるときにLINEで誰かを呼び出そうという場合に、気安く声をかけることができるのは、15分の距離の場所に住んでいる友人である。いかに仲が良かったとしても、1時間かかる人間を呼び出すのは気が引ける。近接性の時代という言い方をするととても大げさに聞こえてしまうが、つまるところLINEで友だちを呼び出す際の気軽に呼び出せる距離が大事な時代という話なのかもしれない。

富裕層でいることを維持するための住む場所

前出の経済学者『年収は「住むところ」で決まる』の著者であるエンリコ・モレッティは「移住には投資と似た面がある」という。

投資とは、将来的に自らの生産能力（資本）を高めるために、現在の資本の一部を投下する行為のことだ。都市で暮らすということが、自分を成長させる機会になる。または、いい仕事に巡り会う機会の確率を高くすることになるということだ。

学ぶことが投資である、またはスキルアップのためにセミナーなどに参加する努力のことをいう「自己投資」のような考え方は、比較的新しい考え方である。かつて投資は、株や他人の事業に対して行われるものとしてしか考えられていなかったが、いまでは自己投資は当たり前の考え方になっている。

そして、住む場所が自己投資だという考え方は、同じように新しい考え方として浸透しつつあるのだろう。

また都市社会学者のリチャード・フロリダも、「人種、教育、職業、収入と並んで場所が持てる者と持たざる者を分かつ要因」になっていると指摘する。

ニューヨークは、世界でももっとも家賃の高い都市のひとつだが、この地域に住む富裕層たちの間では、子どもの進学に有利な公立学校の学区への転居という理由での移住が盛んになっている。超富裕層は、学区など関係のない名門私立に通わせるのだろうが、私立は極めて学費が高い。しかし、公立学校は学区制で、学区によってレベルは大きな格差がある。そして、そもそも移民も多く、極めて人口の流動性が高い地域でもあり、優位な学区も短いスパンで変わる。そして、それに伴って人気の住む場所が移り変わってもいくのだ。

ニューヨークのような所得水準がきわめて高い場所では「教育」が移住の原理になっているのだ。

住む場所が最大の資本である

東京でも、公立学校の「学区」に狙いを定めた転居は、もはや当たり前になっている。国立幼稚園の受験の資格を得るために移住をするという話は、子どもを持つ層にとっては、常識的な話。不動産屋の物件案内にも、「駅まで徒歩○○分」などの情報とともに「○○小学校学区域」といった公立学校の学区情報が載っているのもよく目にする。

公立の学校なのに、その格差は大きい。おそらくは、教師のレベルに差があるということではない。むしろ、進学にいどむ親、生徒の間に「進学」に対する意識の差が生まれており、それが進学率に大きな差を及ぼすようになっているのである。

ただ、実際に学区目当てで住む場所を選ぶことができる親は、限られた層でもある。そもそも、学区目当てを織り込み済みの家賃相場に耐えられるだけの経済的余裕があることが条件となるからだ。

例えば文京区の中では、高級住宅地である西片が含まれている「誠之小学校」の学区内が人気が高い。しかし、もっと上を見れば、千代田区に越した方がいいのではないかという具合に、際限のない受験引っ越し競争が待っている。親族などの名義を借りて、住んでいる場所を偽装するなどという例も聞いたことがあるが、どの親も学区には躍起になっているため、学校の側も、本当に在住者であるかには敏感になっているようだ。

こうした受験のための引っ越しといった状況とは、つまるところ「住む場所」が資本になっているということだ。バブル期までの日本では、土地保有税の税額が低く、土地保有のコストが安かったために、投資としての都心部の地価上昇が進んでいた。かつては土地を所有することが、なによりの「富裕層」であることを維持するための手段だったのだ。

ロバート・キヨサキの『金持ち父さん 貧乏父さん』(1997年)は、まさに土地を所有する者とそうでない者との間に、根本的に格差が生じる資本主義の原理を書いたベストセラーである。「土地」は、それを貸して賃料をもらうという不労所得につながるが、賃金労働者は永遠に働き続けないといけない。つまり、土地が「資本」であり、土地を持つ資本家には永遠に勝つことができないという話である。

しかし、現代の富裕層＝資本家は、受験の条件の変化を受けて、引っ越しをする人々である。つまり、「土地」以上に「住む場所」が資本になっているということができる。

現代では教育が、富裕階層がその優位性を維持するためにもっとも有効な「資本」になっているのだ。

都市嫌いの人たち

ここまで一方的に、都市の近接性がこれまでにない新しい価値になっている話を進めてきた。だが一方で、都市への人口集中をおもしろく思わない人たちは少なくない。むしろ、「脱都市」という方が人気を集める。

「里山資本主義」という概念がもてはやされ、それを提案した『里山資本主義——日本経済は「安心の原理」で動く』（NHK広島取材班・藻谷浩介、2013年）が40万部のベストセラーになるというのも、世間に「脱都市」という考え方を支持する人が多い証拠だろう。

「里山資本主義」の真逆は「マネー資本主義」だという。お金を中心とした消費生活＝大都市を基盤とした大規模流通圏的なものを見直し、生活に必要なものを、地域の「里山」から木をとってくるといったような「小さな経済圏」を確立しようということを提案するのが「里山資本主義」である。

実際のところ「小さな経済圏」を実行するにも、ある程度のまとまった人口が必要になる。第2章でアメリカのポートランドなどを例に取り上げたように、地元の食やコミュニティに根付いた生活を送るのに適した場所は地方や農村部ではなく都市なのだ。

また、同じような話だが、都市集中は自然環境破壊につながるという誤解も多い。

実際には、都市生活の方がエコである。大都市部に住む人の方が、1人当たりの住居面積は狭い。そして、自動車の1世帯当たりの所有率も都市部と地方では大きく違う。2010年の国勢調査による15歳以上の自宅外就業者・通学者の「利用交通手段」の調査結果によると、全国の通勤・通学者の内、自家用車を利用している人の割合が46・5パーセントで最大である。自家用車による通勤・通学者が多いのは、山形県(77・6パーセント)、富山県(77・4パーセント)、秋田県(75・4パーセント)である。これらの地方、農村部が多く残る地域は、自動車に依存しなくては生きていけない。一方、東京は、9・4パーセントで全国で最も低い。また、全国平均の46・5パーセントよりも低いのは、東京、大阪、神奈川、京都、埼玉、千葉、兵庫、奈良という8つの都道府県のみだ。これらの多くは、中心部に大都会を抱え、公共の交通網が発達している。

こうしたデータを見ると、地方、または自然に近い場所での生活がエコ・コンシャスというのが誤解、むしろ正反対であることに気がつくはずだ。人は折り重なるように暮らした方が、全体として自然環境への負荷は小さいのである。このことがあまり指摘されず、田舎暮らしの方がエコであるという勘違いが多いのも、都市＝消費生活といった連想からくる後ろめたさのたまものだろう。

都市の時間と非都市の時間

最後に、そもそもなぜ都市が重要なのかを大局的に考えてみよう。

地球上で、人類が繁栄を謳歌できている理由について人類生態学者の大塚柳太郎は、「食物の入手効率を高めるなどして面積当たりの人口すなわち人口密度を高めるのに成功した」（『ヒトはこうして増えてきた――20万年の人口変遷史』２０１５年）からであると指摘する。人口密度を高くするためには、その人口を賄えるだけの食糧生産、流通、保管の技術が必要になった。こうした「繁栄」のための技術の集大成が、つまりは都市ということになる。

未来に都市が必要なくなるというアルビン・トフラーの未来予測は、その辺りを見落としていたのだろう。彼は、人類の技術の根本部分を見誤っていたのだ。

ここまで都市のデメリットに触れないままに、都市がもたらしてくれる幸ばかりを語ってきた。もちろん都心への人口集中と近接性だけが価値のすべてではない。

秤の片方に、都市での近接性のある暮らしという価値を乗せてみる。そして、秤の逆の側には、時間が流れる速度という価値を乗せてみよう。途端に、都市での近接性のある暮らしの魅力に疑問が生じてこないだろうか。

都市における時間感覚とは、常に「次」が迫ってくるような類いのものだろう。いつも選択肢にあふれ、チャンスはいつでも待ってくれている。都市での暮らしの中では、そのような感覚から逃れることは難しい。選択肢もチャンスも少ない非都市とは、時間の感覚が違うのだ。それが、都市の生活が、日々の余裕を奪うものになりがちな理由である。

誰かが、都市に住むということは、海水を飲むことであると言った。目の前にのどを潤すための水はいくらでもあるが、それを飲めば飲むほどのどは渇いていく。何でもあるが、のどだけは満たされない。むしろ、渇望だけが続くのが都市である。

都市の近接性と、時間の消費速度。どちらがより重要な価値なのだろうか。それを簡単に決めることはできない。この2つを同時に秤に乗せることはとても難しいことである。

あとがき

東京駅の真向かいに立っている新丸の内ビルディングの7階の飲食店フロア「丸の内ハウス」は、そろそろ終電がなくなろうという深夜0時を回った時間になっても、どの店舗も完璧までなフルハウス状態である。それどころか、これからやって来る人たちが列に並ぶという状況がまだまだ続いていく。この「丸の内ハウス」にはオーガニックのレストランからそば屋、カフェにイタリアンにスタンドバー、そして昭和風スナック。あらゆる飲食店がカオス的に並んでいる。周囲の整然とし、夜間は人気も少ないオフィス街の風景からは、想像もできない空間である。

テレビのニュースの中で、アベノミクスによる景気の実感について「好況なんて感じないね」とインタビューに答える人たちの姿ばかりが映し出されるのを尻目に、こういう空間も存在する。そして、この状況はもう3年も4年も続いているのだ。

新橋と日比谷の間のガード下に飲食店が並ぶコリドー街も、ここしばらくは少し落ち着いてきたように思うが、金曜の夜には十分「好況」を思わせる光景を見せてくれる場所である。そのすぐそばの銀座にしても、いまのようにスペイン、フレンチ、イタリアンのビストロやバルが建ち並び、多くの人であふれている光景というのは、20年前には存在しなかった。

街中に大行列を作っていた『俺のフレンチ』『俺のイタリアン』など、立ち食いを売りとしたチェーンレストランがちょっと前に流行したが、この店内は、隣の人と肩がぶつかり合う環境で食事をさせ、ほんの1メートルの距離も空かない距離でミュージシャンが生演奏する超「近接性」を売りにしていた。

東京の都心部は、ここ数年で大きく変化しつつある。その原動力は、飲食店とそこに集う人たちである。

江戸時代の江戸町人たちの長屋暮らしにおいて実現していた人口密度、すなわち極度の「近接性」に比べれば、いまの一極集中下の東京での都心の暮らしなんて、スカスカなものでしかない。ほんのひと時代前までの日本人は、喧騒を離れて生きることが上等であると思っていたが、昨今では、また久々ににぎやかな場所での暮らしが見直されているのだ。

また、世界に目を向けても、ニューヨークを始めとする大都市が1970年代前後に迎えていた「暗黒時代」を抜け、「都市再生」の時代から、さらには「都市復活」の時代を迎えている。東京もそうだ。人は、この復活した都市に再び戻ってきて、都市生活を取り戻しつつあるのだ。


そんないまどきのにぎやかな都心の変化を論じているのが本書である。

筆者が本書で書きたかったことは、人が住む場所が、かつての閑静な郊外の住宅地からにぎやかな都心に移行したということ。都市に人が集まるのは自然な現象だが、郊外化や人口分散という「政策」が、それを疎外してきたという筋立てで本書は書き進められている。そして、最後では、都市に人が住む理由という、「自然な現象」のメカニズムにも触れている。

田中康夫は、渋谷・青山辺りを舞台にしたデビュー小説『なんとなく、クリスタル』（1980年）の33年後に、『33年後のなんとなく、クリスタル』（2014年）という続編を書いている。その中で登場人物の1人がこんな台詞を口にする。

「ヤスオさん、私ね、最近、買い物に出かけるたびに不安を感じるの。もしかしたら東京の中心部も限界集落になりかけているんじゃないかしらって」。彼女が具体的に指している「東京の中心部」とは、外苑前駅近くの、南青山3丁目にあるピーコックストア青山店の辺りだ。

確かにこの辺を夜に歩いていると、閑散としたイメージを受ける。1980年代の青山の象徴だったハーゲンダッツのショップもいつの間にか撤退したし、はす向かいのベルコモンズも2014年3月に閉店して、まだそのまま放置されている。

国勢調査と住宅地価公示価格、アンケート調査などを基に日本の全世帯をデータベース化し、消費傾向などの分析を行う会社ジオマーケティングのソフト「クラスター3000」を使って、実際にこの青山周辺の人口増加率を調べてみると、人口増加率がマイナスの値を示している。人口増で発展する港区の中のエアポケットが、まさにこの界隈。小説の登場人物が、この辺りに「限界集落」を見出すのもわかる。

とはいえ、ちょっと外苑前から霞ヶ丘団地方面に向かう周囲には、路地に隠れた飲食店がたくさんある。歩いて行ける場所に西麻布があるが、この辺りもかつてのように交差点周囲に店があるわけではなく、もう少し青山墓地に近い住宅地の中に小さくて雰囲気のよいバーがいくつも並んでいる。

おそらくこの小説の登場人物は、いろいろと見落としているのだろう。都心部のよい店の探し方のコツは、80年代とは違ってきている。都市の見方の変え方。本書は、その一助になればという思いで書かれている。


最後に、この本を書くに当たって、多くの人から協力をいただいた。東京の中でどこに住むべきかというテーマで本を書いているというと、多くの人たちとの議論（と飲み話の中間的な何か）を通して、多くのアイデアをいただいた。校了間際になって、さまざまな知見を与えてくれる人たちと出会ったことで、さらにこの本の続きとなるような本を書くヒントも芽生え始めた。

こうした「近接性」の成果、つまりは「他人の近くにいること」で得られる効用によって本書は書かれている。

本書には、多くの方々に協力していただいたが、個々への感謝の言は、直接「近接性」でもって近いうちにお返しさせていただこうと思っているので、ここでは省略させていただいただく。

一方、この本を作る上での協力者である担当編集者は、本書がまさに佳境にかかろうかという時点で（よりによって本書で何度かにわたって登場する）都心から鎌倉という遠隔地への移住を決行した。これにより、メールやＬＩＮＥの連絡という遠隔コミュニケーションが増え、顔をつきあわせて話せば解決するようなことが著しく阻害されるという事態を経験した。何より「近接性」の重要性を突きつけられたのは、このことだったかもしれない。

最後に、これは田舎者が書いた都市礼賛本である。過剰に都市のメリットについて書き連ねてきたが、その辺りは適度に織り込んだり、さっ引いたりして読んでいただければ幸いだ。

そもそも、近接性は何にも優る価値というわけではない。むしろ、ときには疲れるものでもある。遠くに行くことも近接性と同様に価値を持つ。これを書き終えたら、少し田舎にでも行こうと思っている。

２０１６年４月　　速水健朗

【参考文献】

『都市は人類最高の発明である』エドワード・グレイザー著　山形浩生翻訳　エヌティティ出版
『人は意外に合理的 新しい経済学で日常生活を読み解く』ティム・ハーフォード著　遠藤真美翻訳　武田ランダムハウスジャパン
『年収は「住むところ」で決まる 雇用とイノベーションの都市経済学』エンリコ・モレッティ著　池村千秋翻訳　プレジデント社
『クリエイティブ都市論――創造性は居心地のよい場所を求める』リチャード・フロリダ著　井口典夫翻訳　ダイヤモンド社
『都心回帰の経済学――集積の利益の実証分析（シリーズ・現代経済研究）』八田達夫編　日本経済新聞社
『23区格差』池田利道著　中公新書ラクレ
『東京一極集中が日本を救う』市川宏雄著　ディスカヴァー携書
『地方消滅―東京一極集中が招く人口急減』増田寛也著　中公新書
『「30万人都市」が日本を救う！　中国版「ブラックマンデー」と日本経済』田中秀臣編　飯田泰之　田中秀臣　麻木久仁子著　藤原書店
『地方は消滅しない！』上念司　木下斉著　宝島社
『レッドアローとスターハウス：もうひとつの戦後思想史』原武史著　新潮文庫
『ヒップな生活革命』佐久間裕美子著　朝日出版社
『都市のドラマトゥルギー――東京・盛り場の社会史』吉見俊哉著　弘文堂
『「家族」と「幸福」の戦後史』三浦展著　講談社現代新書

速水健朗 はやみず・けんろう
1973年、石川県生まれ。ライター、編集者。コンピューター誌の編集を経て現在フリーランスとして活動中。専門分野は、メディア論、都市論、ショッピングモール研究、団地研究など。TOKYO FM『クロノス』にMCとして出演中。著書に『ラーメンと愛国』(講談社現代新書)、『1995年』(ちくま新書)、『フード左翼とフード右翼』(朝日新書)など。

朝日新書
564
東京《とうきょう》どこに住《す》む?
住所格差と人生格差

2016年5月30日第1刷発行
2016年6月10日第2刷発行

著者　速水健朗

発行者　首藤由之
カバーデザイン　アンスガー・フォルマー　田嶋佳子
印刷所　凸版印刷株式会社
発行所　朝日新聞出版
〒104-8011　東京都中央区築地5-3-2
電話　03-5541-8832(編集)
　　　03-5540-7793(販売)

Published in Japan by Asahi Shimbun Publications Inc.
ISBN 978-4-02-273666-6
定価はカバーに表示してあります。

落丁・乱丁の場合は弊社業務部(電話03-5540-7800)へご連絡ください。
送料弊社負担にてお取り替えいたします。

戦国武将はなぜその「地名」をつけたのか？

谷川彰英

福岡、仙台、浜松など現代の都市名の多くが戦国武将によってつけられていたことは案外知られていない。そこには、繁栄や平和を夢見た彼らの願いが込められていた。全国をくまなく歩き、地名の由来によって解き明かされた男たちのドラマ。

戦場記者

「危険地取材」サバイバル秘話

石合 力

爆弾テロ、過激デモ、クーデター、「イスラム国」……紛争地帯最前線の取材は常に死と隣り合わせだ。「催涙弾にシャネルNo.5で対抗する」など、危険回避のための意表をつくサバイバル術やスリル満点の秘話を、朝日新聞の「戦場記者」が明かす。

ニューヨーカーに学ぶ軽く見られない英語

田村明子

アメリカ人の英語はカジュアルと思い込んでいる日本人は多い。でも実際には、一流の人ほど丁寧な英語を話している。ネイティブから尊敬を受けるためには、どんな言い回しをすればよいのか？ ニューヨーク在住の著者が明かす、洗練された英語の極意。

半知性主義でいこう

戦争ができる国の新しい生き方

香山リカ

傲慢な権力者の〈反知性〉でもなく、か弱きインテリの〈知性〉でもない、しなやかな〈半知性主義〉の誕生！ ネトウヨのヘイトスピーチに身をさらし、そして国会前の安保法反対デモに日参して見えてきた、この国の知的風土のおそるべき荒廃と、希望の光。

朝日新書

「3」の思考法
アイディアの神が降りてくる

齋藤 孝

「3本柱」の説得力でプレゼンに勝つ。アイディアがわき出る「三脚思考」。「第3の選択肢」で気持ちに余裕を持つ。神の数字「3」を使って、思考の「型」と「技」を身につけよう。著者30年の知的活動の集大成!!

この国の冷たさの正体
一億総「自己責任」時代を生き抜く

和田秀樹

なぜこの国はかくも殺伐としているのか? 個人、組織、そして国家、どの位相でもいびつな「自己責任」の論理が幅を利かせる。「自由」よりも強者の下で威張ることをえらび、「平等」より水に落ちた犬を叩く。私たちを取り巻く病理を全解剖。

男はなぜこんなに苦しいのか

海原純子

著者のもとには多くの心の不調を訴える男性がやってくる。会社のストレスで弱音も吐けずアルコール依存症になった人、勤務評価の低さが苦痛でうつになった人……。男性特有の思考の問題点をあぶり出し、楽になるためのヒントを提案。

がんとの賢いつきあい方

門田守人

文化放送の人気ラジオ番組「キャンサー カフェ」のパーソナリティーで、がん研有明病院の名誉院長が、最先端の治療法を含めた、がんのすべてを語る。番組に出演し、がん体験を語った有名人たちのエピソードが随所に! 医者との賢い付き合い方も伝授。

思い立ったが絶景
世界168名所を旅してわかったリアルベスト

吉田友和

「死ぬまでに行きたい」じゃもったいない！「読んで、実際に行ってみる」新しい絶景本。『3日もあれば海外旅行』（光文社新書）の著者が、働きながら低コストで絶景にいくためのヒントを提案。実際に行ったからこそわかる本当にいい絶景もあますところなく紹介。

隠れ貧困
中流以上でも破綻する危険な家計

荻原博子

実質収入は減り、物価や税負担は上がる一方。誰にもひとごとではない老後の貧困。収入がそこそこある人ほど出費も強いられ、リッチにみえて火の車ということも。老後どころか病気や子どもの教育への備えもあぶない「隠れ貧困」の実態と、実践的アドバイス。

大江戸御家相続
家を続けることはなぜ難しいか

山本博文

長男の資質に問題あり、子どもが生まれない、父親が家督を譲らない、正室vs.側室のバトル。とかく「家」を守り続けることは難しい。徳川治世260年、将軍家や大名家は、「御家断絶」の危機をいかに乗り越えたか？現代人にも身につまされるエピソード満載！

シニア左翼とは何か
反安保法制・反原発運動で出現――

小林哲夫

反安保法制、反原発……。国会前のデモなどで、若者以上に目立っているのが60、70代のシニア世代だ。若い頃、世の中に反旗を翻したものの、その後は体制に順応したはずの彼らは、なぜ再び闘っているのか。同窓会？再びの世直し？新集団をめぐる「人間ドラマ」を追った。

朝日新書

「安倍一強」の謎

牧原 出

急ごしらえの安倍内閣は、なぜ強いのか?「政権投げ出し」からどう変わったのか? アベノミクス、安保法制と個々の政策には反対が多いのに、なぜ内閣支持率が高いのか? 現内閣には多くの謎が潜む。気鋭の政治学者が、この謎を見事に解明する。

東京どこに住む?

住所格差と人生格差

速水健朗

かつての中目黒は、今の蔵前、北千住、人形町? 家賃が高くても都心に住む人々はどんなメリットを見いだしているのか? 人気の街はなぜ衰退したのか? どこに住むかの重要性がかつてなく高まっている時代の都市暮らしの最新ルールを探る。

使える地政学

日本の大問題を読み解く

佐藤 優

複雑化する国際情勢下、ますます重視される地政学には、政治外交に加え、歴史、地理、宗教、民族、思想などをベースにした複数のシナリオが必要だ。ロシア、中国、EUの次なる一手は何か。新たなる覇権国家はどこか。教養の一体理解で手に入れる最強の戦略的思考!